智元微库
OPEN MIND

成 长 也 是 一 种 美 好

斯坦福
学习法

有效提升孩子能力的8个方法

[日]星友启 著　甘茜　译

スタンフォードが中高生に
教えていること

人民邮电出版社

北京

图书在版编目（CIP）数据

斯坦福学习法：有效提升孩子能力的8个方法 /（日）星友启著；甘茜译. -- 北京 ：人民邮电出版社，2022.5
ISBN 978-7-115-58455-7

Ⅰ．①斯… Ⅱ．①星… ②甘… Ⅲ．①学习方法 Ⅳ．①G791

中国版本图书馆CIP数据核字(2021)第279336号

◆ 著　　　　[日]星友启
　　译　　　　甘　茜
　　责任编辑　刘艳静
　　责任印制　周昇亮

◆ 人民邮电出版社出版发行　　北京市丰台区成寿寺路 11 号
　　邮编 100164　　电子邮件 315@ptpress.com.cn
　　网址 https://www.ptpress.com.cn
　　天津千鹤文化传播有限公司印刷

◆ 开本：880×1230　1/32
　　印张：7　　　　　　　　　　2022 年 5 月第 1 版
　　字数：123 千字　　　　　　2025 年 10 月天津第 13 次印刷

著作权合同登记号　图字：01-2021-6568 号

定　价：59.80 元

读者服务热线：（010）67630125　印装质量热线：（010）81055316
反盗版热线：（010）81055315

赞　誉

　　近年来，科技革命呈现加速度的发展态势，传统工业社会正加速向数字化、智能化时代迈进。可以预期，未来的教育必然从普及化向高质量转变，从单主体向多主体转变、从两维时空向多维时空转变，学习方式也必然从以往的"标准化"向"个性化"转变，一个多样化、智能化、终身化的教育时代即将到来。《斯坦福学习法》围绕学习方式的变革，重新认识教育理念、师生关系、管理模式、教学方式、学习方式，推动教学、课程、资源、场景、流程、评价激励等因学习者的学习而变，突破了传统教育主体和时空纬度，构建了认知和能力同步进阶、知识和实践相互融合、保护求知欲和激发创新力有机统一的教育发展全新路线。本书为在线教育展示了一个可实现的未来，具有鲜明的前瞻性、创新性、实践性，对我国新时代教育改革和学校的创新实践具有很强的借鉴意义。

丁进庄　教育部学校规划建设发展中心专家

学习方法无疑是一个人面向未来的核心竞争力。未来的数字化社会里，人们的学习内容、学习资源、学习载体、学习形式都会发生翻天覆地的变化，在线学习能力显得尤为重要。本书遵循先进的学习理论、基于长期的实践检验提炼的8种学习方法，不仅适用于广大学生，对成年人的研习与自修也有很大的启发。

孙智明　长沙教育学院党委书记、院长

学习是需要学习的。但我们对学习这件事研究得远远不够。《斯坦福学习法》给了我们可借鉴的方法和启迪。这是一本可能打开你教育视野的书。书中不仅有可能颠覆认知的观点，有值得重新认识的教育常识，还有具体的实践案例，以及对未来教育的预判。无论是教育工作者还是家长都值得一读。

褚清源　中国教师报编辑部副主任

教育要发展完整的人格，要指向孩子的成长。斯坦福在线中学关注学生的成长和发展，鼓励学生追求喜欢且擅长的事情，理解学科尤其是哲学的底层逻辑，帮助他们建立世界观和方法论，在未来教育探索中迈出了很大的一步且成绩斐然。

和　渊　人大附中高级教师、《成为学习高手》作者

斯坦福在线中学做了两件事，一是重申常识——学生如何真正成为学习的主人，二是重构常识——人工智能时代学生如何学习。《斯坦福学习法》深度剖析了这两大了不起的课题，并让我们中国父母与教育工作者跳出"名校情结"，真正思考如何让世界成为孩子的课堂，培养孩子面向未来的核心竞争力。

张　华　少年商学院创始人兼 CEO、

《世界是我们的课堂》作者

在线教育能否取得传统线下教育一样甚至更好的效果？斯坦福在线中学给出了很好的答案。它通过完全在线教育、独特的教学体系与方法，成为世界知名中学，为常春藤名校输送大量的优质学生。我向每位教育工作者和家长推荐《斯坦福学习法》。

憨　爸　美国知名公司 IT 工程师、

知名公众号"憨爸在美国"创始人

本书讲述了斯坦福在线中学的教育理念，以孩子为中心探求了最适合孩子自己的学习方式，探讨了如何变被动学习为主动学习。

战　隼　知名自媒体（warfalcon）创始人、

100 天行动发起人、时间管理专家

译者序　基于科学研究的未来教育

　　作为上学时的调皮学生、曾经的初中班主任，以及现在两个孩子的母亲这样的三重身份，可以说，这本书完全颠覆了我对教育的理解，带给我的震撼无与伦比。一所学校居然靠网络教学就能跻身世界名校，这究竟是为什么呢？我一边翻译，一边思考：学习的意义何在？在孩子的学习中，教师和家长应该扮演什么样的角色？在瞬息万变的当今世界中，教育的未来趋势是什么？如何激发孩子积极主动地学习？未来，孩子最应该掌握的能力又是什么？相信您都可以从这本书中找到答案。

　　我在读书时代时一直很困惑，为什么非要花时间去死记硬背几百年前发生的事情。因为学习漫无目标，所以根本提不起兴趣，只是被动地应付考试。而这本书告诉我们，学习应该是学习者为了达成某个目标，积极主动、自主进行的行为。而长久以来更侧重于"教育"的传统教育正迎来历史性的转折期，加速转向"学育"——以学习主体的孩子为中心，鼓励他们探求最适合自己的学习方式。

　　那么，如何才能激发孩子积极主动地学习呢？就拿历史来说，可以尝试把教师单方面的照本宣科，改成课前预习、课上小组讨论的形式，孩子为了能积极参与讨论，就必须对书本知识有一定的熟悉度；还可以设置一些历史主题的项目，比如让孩子设计"中国朝代趣味图史"，他们通过查找资料，辨认、查证信息的真伪，总结、概括、分析等过程，积极主动地掌握很多历史知识，甚至其他跨学科知识。当孩子亲身体验到掌握知识和技能的重要性时，类似"我为什么必须要学习这个知识"这样的疑问就不复存在了。

　　显而易见，这种教育对教师和家长的要求也会相应提高。其实，正如书中所说的，教师和家长也是孩子学习环境的一部分，孩子会一边观察我们，一边学习和成长，我们的思维方式和生活方式会对孩子产生重大的影响。你希望孩子养成的好习惯，先扪心自问，自己做到了吗？

　　想让孩子成为勇于挑战的时代弄潮儿，我们自己先要做好榜样，勇于尝试新事物，不受年龄限制，永远保持一颗童心，对世界充满好奇和期待，相信努力就一定能成功，这才是我们该教会孩子应有的人生态度。但是，现实生活中，我们是不是经常无意识地给自己的人生设限呢，诸如"我已经老了，太激烈的运动不适合我""这是年轻人才玩的东西""到了我这岁数，记忆力开始下降了"。我一边翻译一边反省，深感与这本书的相遇和碰撞对自己意义非凡。

书中还列举了很多我们习以为常、实际上会阻碍孩子进步的教育方式，逐一分析了一些教育误区，让我觉得茅塞顿开。比如，表扬孩子要侧重于其努力的过程，而不是其资质和成果。相信很多家长更倾向于说"你真聪明！""这么快就做完了！真棒！"之类的赞美。可实验证明，这样的夸奖容易让孩子在碰到自己觉得难的题目和任务时选择回避，因为他们怕失败后得不到这样的表扬。我们应该让孩子勇于挑战，不畏犯错，培养他们的成长型思维。让他们明白，努力比什么都重要。在努力的过程中，遇到困难或失败正是学习的最佳时机。书中给我留下深刻印象的是斯坦福在线中学对学生提交作业的评分机制。学校通过"重新提交"这种方式，激励学生有目的地根据教师的反馈，"重新评估"自己的作业。通过这样一个过程，学生不会陷入"我就是一个评分为 B 级的学生"这样的固定型思维，而是不断地努力，"现在我的作业虽然评价是 B，但只要改正其中的不足，我也是能得到 A 的学生！原来我也可以做个优秀生！"从而养成成长型思维。作为一名曾经的教育工作者，我觉得这种做法简直太酷了！孩子会在这一过程中终身受益，深刻地体会到，通过自己的努力，反复试错修改，成功并不是一件遥远的事情！

孩子因人而异，以我的两个孩子为例，儿子喜欢一个人安静地学习，女儿则是社会脑，喜欢与朋友一起学习或者与家人分享学习成果。所以家长不要固执地认为，学习一定要"一个人安安静静的"。孩子们小的时候，我经常会让大 6 岁的儿子与妹妹一起做理科实验，解数学题。实验证明，"协同合作"与"同伴辅导"（peer tutoring）都有着显著的效果。所以，当孩子说想跟同学一起学习的时候，不要总是担心他们"最后只不过是玩而已"。

"健康计划"和升学指导顾问是斯坦福在线中学的另一个亮点。传统意义上的健康，通常都是指身体方面，而美国健康机构对"健康"（wellness）的定义是，人类在精神、身体、社交、智力、情感、职业等各个层面都处于良好的状态。近年来，孩子的心理健康问题越来越受到大家的关注。其实，孩子在成长阶段情绪不稳定，遭遇各种各样的心理问题是很正常的事情，家长大可不必觉得难为情，难以启齿。现在很多学校设有心理咨询辅导员，这一点真的值得借鉴。在孩子的成长道路上，家长更应该是一个耐心的陪伴者。我们总是希望孩子在成长路上少走弯路，殊不知这是他们的必经之路。特别是对待青春叛逆期的孩子，有逆才有反，我们为什么非要站在他们的对立面呢？我相信，如果能与他们共情，远远地守护他们，给他们支持和鼓励，在他们回头找你的时候，你都在，他们迟早会走出迷雾，快乐成长。

所以，如果您希望自己的孩子积极主动、阳光健康，那么请您自己先做出改变，迈出勇敢的第一步吧！做父母，我们都是第一次，可是孩子的一生，却没有第二次。我们无心的一句话、一个动作、一个表情，很可能就会影响孩子的一生。所以，作为父母及教育工作者，我们应该积极学习最前沿的教育理念，保持身心健康的精神面貌，全力帮助孩子，让他们的一生无怨无悔，大放异彩！

前　言

我是斯坦福在线中学现任校长。

顾名思义，学校隶属斯坦福大学，是一所"初高中一体化"的线上学校。学校开设从初中一年级到高中三年级课程，学生遍及全美国和世界其他各地。

尽管学校开设的是纯线上课程，可丝毫不影响它成为闻名全美国的名校。那么大家一定很好奇，这些来自世界各地的学霸们，每天究竟学些什么？用什么方式学习呢？

就让我们亲临最先进的教育现场，观摩一下未来型教育的风采吧！

教育常识会不会成为未来教育的非常识

在深入了解的过程中，我将为大家详细介绍一些经年累月已经习以为常的学习习惯——"8 个最可怕的常识"，以及应该掌握的"8

个正确的小技巧"。

如果你对下面的问题感兴趣，可以从这本书中找到解答。

"当今世界前沿的教育现场是什么样子的？"

"美国名校采取什么样的教育方式？"

"最新科学研究发现了哪些高效的学习方法？"

"怎样才能提高孩子的能力？"

"现在教育的发展趋势是什么？教育的未来将会发生哪些变化？"

本书不仅面向教育工作者，也面向学生及其家长。

相信你们在阅读本书的过程中，一定能找到这些问题的答案，并且自己的教学、育儿和个人的学习方法也会随之发生翻天覆地的变化。

长期以来，人们对于教育和学习普遍有以下共识：

- 称赞孩子的成果和能力；
- 手把手教学；
- 依照优秀的教材和方法学习；
- 坚持用自己擅长的方式学习；

- 规避压力；

- **考试仅仅是为了检验理解度和学习力**；

- **反复练习同一道题目**；

- 应该一个人安静地学习。

然而，最新的科学表明，遵循这些常识会影响孩子的上进心和学习热情，使他们的记忆力和思考力下降，无法获得更好的学习效果。所以，对这些教学常识应该重新审视并予以纠正。

在这本书里，我们可以领略到未来型教育的不同之处。

凭借在线教育成为美国顶尖的预科学校

位于旧金山南湾区的硅谷（Silicon Valley），是苹果、谷歌、Meta 等著名科技巨头的总部所在地。斯坦福大学位于南湾区的中心，聚集了来自世界各地的优秀学生。

斯坦福在线中学隶属于斯坦福大学，是一所"初高中一体化"的线上学校。它开设了初中一年级到高中三年级的所有课程，拥有来自全美和世界其他各地的学生。我是这所在线中学的校长，我的工作就是把最先进的教育方式和科技手段融为一体，帮助和支持学生更好地学习。

虽然斯坦福在线中学成立的时间不长，但发展迅速，2020 年 3 月位列美国《新闻周刊》"2020 年美国 STEM 教育排行榜"第 3 名。在美国权威选校网站 Niche 排行榜上，斯坦福在线中学连续多年保持全美国排名前 10 的好成绩，2020 年更是在美国大学预科学校中排名第一，备受瞩目。

在其他一些重要的学校排名中，斯坦福在线中学作为美国名校也都榜上有名。这所"资历尚浅"的新兴学校，尽管只开设在线课堂，却与那些资深的老牌名校一样，已经跻身美国名校之列。

斯坦福在线中学声誉日隆，很大程度上归功于毕业生们的努力奋斗和成就。很多从这里毕业的学生以优异的成绩考入了斯坦福大学、哈佛大学、普林斯顿大学等名校，也有很多学生毕业后成为研究人员和企业家。

着重培养孩子"生存力"的未来型教育

回顾这些年走过的坎坎坷坷，斯坦福在线中学能取得令人艳羡的成就实属不易。

　　从2000年开始，以大学和成人教育为轴心的在线教育蓬勃兴起，但随之而来的在线教育学生毕业率低下等问题很快引发了大家对在线教育质量的质疑。

　　特别是远程在线教育的学习方式似乎难以培养学生社会性和情感方面的能力，更是让大家对于在线教育是否适合中学生疑虑重重。

　　而斯坦福在线中学创办十余年，正是在这些不绝于耳的质疑声中一路成长到了今天。

　　平心而论，这些质疑确实指出了传统在线教育的弊端。所以，我认为大可不必回避这些反对的声音，而应选择迎难而上，直面问题。

　　如若仅仅依循当下普遍存在的做法，做做表面文章，制造一些"学校"氛围，然后随心所欲地开设在线教育课程，是绝不会得到大家认可的。

　　想要打破质疑，唯有创建一个比传统学校更"像学校"的在线教育系统。可是，该如何去走这条无人走过的路呢？

我认为，在线教育自身存在的弊端当然需要纠正，但是首先要做的，是对现有的传统教育进行一场大刀阔斧的变革。

因此，创建斯坦福在线中学的历程，其实就是一次又一次对现有教育做法发起挑战的过程。

首先，我认为教育最重要的目标，是培养孩子适应社会的"生存力"。

在此基础上，学校最核心的设计理念是通过建立网络社团，让学生能在丰富多彩的关系中学习。

除此以外，我们还导入了社会情感学习课程（social and emotional learning），从多维度的视角重新审视学生身心健康和幸福指数，从而实现构建他们的"健康"（wellness）[1]。

建校过程中，我们对照本宣科式教学、年级、课程计划、课外活动、时间表、考试、成绩排名偏差值[2]等常规校务重新进行了一一考量，评估了其继续保留的必要性。对传统学校的校务安排进行了果敢的改变。

---

[1] 根据世界卫生组织（WHO）的定义，健康（wellness）是一种心理、躯体、社会康宁的完满状态，而不仅是不感到虚弱或没有疾病。——译者注

[2] 所谓"偏差值"，是指相对平均值的偏差数值，是日本人对于学生智能、学习力的一项计算值。偏差值反映了学生在所有考生中的水准顺位。在日本，偏差值被看作学习水平的正确反映，所以偏差值也就理所当然地成为评价学习能力的标准。——译者注

将哲学设为必修课的理由

　　之所以将"哲学"设定为每位学生的必修课程，是认为学习哲学与培养学生适应现在和未来社会的"生存力"密切相关。

　　孩子在中学阶段会接触到多个领域的知识，毋庸置疑，建立适应当下的知识结构和内容体系是格外重要的。

　　但是，当今社会日新月异，各种新技术、新知识层出不穷，对学生来说，具备"生存力"的关键，绝不仅仅是对现有社会规则的接纳能力，**还必须具备应对各种新规则的适应能力，甚至具备自我制定新规则的能力，拥有"改变规则之力"**。

　　那么，如何才能磨炼出学生的"改变规则之力"呢？

　　我们几经周折得出的答案是 ——学习哲学。

　　哲学的本质就是重新审视、反思现有常识及其见解的框架体系，构建新思想和价值观的心理活动过程，这些恰好就是"改变规则之力"的根源所在。

　　生活在当今社会中的孩子们，特别是中学生，尤其要格外注意养成这种心理习惯。

正是充分考虑到以上因素，斯坦福在线中学制定了一项新规定：如果学生不修完一整年的哲学课程，就不能获得毕业证。

这项规定看似与我们获得"2020 年美国 STEM 教育排行榜"第 3 名的评价有点违和，其实，开设毕业必修的哲学课程，正是斯坦福在线中学所追求的未来型教育的核心所在。

随着培养学生不偏重文理分科、跨领域学习理念的深入，学生的社会生存力也会日益增强。通过发展以学习哲学为主轴，再延伸至各个领域的教学系统，最后才能真正实现多姿多彩的通识教育①。

幸运的是，学生和家长们对哲学必修课给予了很高的评价，并在美国引发了极大的关注。

经常能听到来自毕业生们这样的反馈，"我之所以选择成为一名科学家，得益于我中学时上过的哲学课"。

我的成就源于自己曾经是"教学抵触者"

为什么我会加入创办斯坦福在线中学，并大胆地废除一些固化

---

① 通识教育（liberal arts education），又译为博雅教育。其基本目标是培养有一定知识且有责任感的公民，同时给受教育者发现和发展自己潜力的机会。——译者注

的传统教育模式呢?

　　这与我曾经是"教学抵触者"大有关系。

　　当开始启动建校时，我还在攻读斯坦福大学哲学系的博士课程，当时我已经完成毕业论文，正处于博士课程的最后阶段。在研究生朋友的引荐下，我有幸参与了斯坦福在线中学的创办。

　　虽然我答应了参与创办线上中学，其实这个举动完全不符合我一贯的行事风格。

　　尽管当时我已经有教授斯坦福大学本科生和研究生逻辑学的经验，但是说实话，我感觉自己并不喜欢教书。

　　因为斯坦福大学的学生自身就具备很强的自学能力，他们根本不在乎是哪位教师来上课。这让我感觉不到教书育人的意义。

　　如果学生没有立刻搞懂我所教的内容，我就会很不耐烦，归咎于学生的理解力太差。

　　那时的我，每天在自我矛盾中挣扎，根本感觉不到教书育人有什么价值，更别说教中学生了，简直不可想象。接下来，会不会出现很多我在那些彬彬有礼的大学生课堂里根本不可能发生的尴尬场面呢?

当我真正开始教他们时，我发现自己的担心完全是多余的。

从未接触过哲学的学生们，立刻就展开了热烈的哲学讨论。没想到，我居然也能为学生的智慧成长贡献一份力量！

我对他们的巨大变化感到惊讶。这时，别说"教学抵触"了，我简直开始对教书育人入了迷。

第二年，我放弃了早已内定的斯坦福大学的研究职位，决定以教师的身份全身心地投入创办斯坦福在线中学的工作中。

所以，我认为自己教育生涯中最宝贵的经验，正是因为我曾经是一名"教学抵触者"。

这世上有很多天生就热爱教育事业的优秀教师。遗憾的是，我并没有他们那样天然的良好直觉。

为了教好学生，即使对于大家信手拈来的教学法，我也会有意识地认真分析、思考、反复练习。

对那些既有的教育方法，我从不会想当然地盲从，而是设定假设条件，反复试错、验证。

由于能够很好地让"哲学力"和"教学抵触"两种特质在心中

相辅相成，我得以重新审视和打破既有的教育常规，而不是一味地遵从"拿来主义"，也因此在面向崭新的未来教育时，能够汲取源源不断的能量来突破常识。

人们既有的常识正在被快速地刷新，教育也不例外。**本书会介绍经新科学研究验证过的、有显著效果的学习方法和世界前沿的教育趋势。我们还会以斯坦福在线中学为具体案例，将其教学计划和学校实施的改革全部公开。**

让我们立足世界教育趋势的最前沿，一起展望教育的未来吧！首先，要用最新的科学研究改变观念和做法，摆脱传统教育理念的羁绊。

目　录

第一章　打破常规

第二章　斯坦福在线中学何以成功

第三章　如何培养孩子的生存力

第四章　有效提升孩子能力的 8 个方法

第五章　教育的 6 个趋势

第六章　教育的未来

毁掉孩子的教育方法——

8 条可怕的常识

理想的教育应该是符合当下社会需求的。

我们身处的时代瞬息万变，教育也会随之而变，一些以往被大家认同的学习方法和教育理念，将不得不大幅度修正和调整。

在本章中，我们会把很多人至今奉为圭臬的教育常识抛弃，因为这些将不再适合未来的教育。

本书开篇会介绍最新科学研究指出的首先应该抛弃的 8 条学习常识。

近几年，脑科学和心理学研究的进步推动了有关人类学习方面的理念快速发展，"关于学习的科学"引起了人们极大的关注。

其中的成果之一就是，一些至今仍在推广的家喻户晓的所谓好习惯、好的学习方法和教育方法，最终被证明收效甚微，甚至有些方法阻碍了孩子的学习进步。

本书中将会列举一些严重的错误习惯，并将改正后的正确想法提炼后呈现给大家。那些曾经被认为有益于孩子教育的做法，也许会对孩子的一生造成意想不到的损害。

让我们一起来改正那些可能会毁掉孩子的错误习惯吧！

常识 1　"称赞孩子的成果和能力"：导致进取心下降

"做得真好！这么快就看完了！""这么难的问题你都会做啊！真了不起！"

当孩子很顺利地给出正确答案后，我们都忍不住想夸奖他们一句，这是人之常情。

大家一直都认为，不断地夸奖孩子，让他们体会到成功的喜悦，是支持、鼓励孩子成功的秘诀，在赞扬声中长大的孩子，他们的自信心和上进心会更强。

其实，表扬是一把"双刃剑"，运用得当确实富有成效，反之则会对孩子造成不良影响。

就像刚才列出的那些夸奖，"做得真棒""这么难的问题你都会啊"，对孩子取得的成果大加赞赏；或者对孩子已有的能力和知识进行表扬，诸如把"看得真快""真聪明"常常挂在嘴边，这些做法都极具危害性。

畅销书《终身成长》的作者卡罗尔·德韦克（Carol Dweck）针对这一观点做了一系列著名的研究[1]。在一次研究中，德韦克教授把小学生分为两组，让他们分别做一些简单的拼图任务，只要他们认真拼就一定能完成任务。

拼图任务完成后，研究人员告诉"聪明组"他们拼图完成的数量（X），并表扬他们很聪明，他们的成果很了不起，比如对他们说"X（这么多）你们都可以拼完！做得真好！太聪明了！"而对另外一组"努力组"则表扬他们的努力程度，比如对他们说"通过思考和努力，你们居然可以拼完 X（这么多）！你们终于通过努力完成了！"

然后再问他们一些其他问题，比如"玩拼图开心吗？""回家后还想继续玩拼图吗？""以后有信心拼得更好吗？"

通过这些问题，测试结果发现两组学生在"开心""干劲"和"自信心"程度方面没有很大差异。

但是，当问到"如果再拼一次，想不想尝试拼一种难一点的拼图，还是想再拼一次跟刚才一模一样的拼图呢？"这两组学生的反应却有天壤之别。

大部分"聪明组"的学生选择了"再拼一次相同的拼图"，而"努力组"的学生 90% 选择了"想试试换一种更难的拼图"。

"聪明组"的学生被夸奖"聪明"，是因为感受到好评的原因是来自拼图完成的成果，所以想再次捍卫成果而继续获得表扬。而"努力组"却因为通过努力获得夸奖，所以想要不断地努力进取，再次获得好的评价。

□　正确表扬的秘诀

上述实验在进行第二轮实验时，给两组学生发了比第一次要难的拼图，所有孩子的成绩都比第一次差。

但这轮实验结束后，两组学生对于是否感到"开心"、是否还有"干劲"和"自信心"这 3 个问题的回答相差很大。

"聪明组"的学生觉得没有上次那样开心，回家不想再玩拼图，因为第二轮拼图成绩不好，他们被贴上的"聪明"标签的价值大大缩水，他们的"开心""干劲"和"自信心"程度也就跟着大幅度下降。

而"努力组"的学生却比第一轮实验时感到更开心，更愿意在家继续玩拼图，虽然这次挑战难度较高的拼图并没有成功，却丝毫不影响他们的自信心。他们认为既然还没有成功，那就需要更加努力。所以想回家后多多练习，再次挑战难度高的拼图，期待成功的感觉使他们干劲十足。

　　就像实验表明的那样，单单对"成果"和"聪明"进行表扬，非但不能增加孩子的自信和干劲，还很可能适得其反。

　　因此，在表扬孩子的时候，不要只是侧重夸奖成果和聪明，而是要侧重表扬他们付出的努力和积极的学习态度。只有这样，才能培养孩子持久的学习干劲和自信心。

常识 2　"手把手教学"：导致学而不精，丧失探究心

　　孩子在学习新知识、面对新问题的时候，教师或家长总是忍不住一步步耐心地给孩子讲解说明。而且很多人认为这种教学方法是正确的。

　　可事实上，手把手式的教学并不会让孩子变得更棒。不仅如此，很有可能还会让孩子丧失自主学习及探索世界的能力和兴趣。

　　2011 年麻省理工学院（MIT）的一项研究发人深思。

　　被测试者是幼儿园的孩子，研究人员把这些孩子分为四组，给他们分发了有 4 种玩法的玩具。对各组孩子不同程度地演示或说明了玩具的玩法。

第一组：耐心地教会孩子其中 1 种玩法，"大家看这里哦，拉出来试着转动它，会发出这样的声音哦！"一边说一边演示，一共教两次。而对其他 3 种玩法不做任何演示和说明。

第二组：一边给孩子演示怎么玩，一边装作马上有事要离开的样子，"大家看哦，会这样发出声音哦！哎呀，我必须要去一下隔壁房间。"只演示了过程，并没有口头上说明玩法。

第三组：没有任何口头的说明，只是拿出玩具随便摆弄，假装无意中发现玩具居然能发出声音。"大家看，这个玩具好像很有趣哦！这样动动，那样动动，大家听到了吧，居然会发出声音哦！"

第四组：对玩具的玩法既没有任何演示，也没有任何说明。

然后让所有孩子开始自由地玩玩具。

实验的结果如何呢？

被耐心地手把手教会一种玩法的第一组孩子，按照教的那样玩了一会儿后，很快就把玩具扔到一边不再理会。

然而其他三组的孩子，不仅会玩演示过的玩法，还自主地发现了其他 3 种玩法，而且摆弄玩具的时间明显比第一组要长 [2]。

参与该实验的研究成员之一，MIT 的认知科学家劳拉·舒尔茨（Laura Schulz）教授解释说，实验结果其实是一种非常自然的现象 [3]。

　　教会孩子解决问题的过程越耐心、越"到位"，他们对所学到的知识和能力越容易感到满足，这导致孩子很快兴趣索然，不想再继续学习了。

　　不要手把手、不厌其烦地教育孩子，那样会剥夺他们的好奇心，应该有意识地、循序渐进地激发他们的探索力，培养他们自主学习的能力。

□ 教育的局限性

　　我们从上面的例子延伸思考，有必要进一步反思教育本身存在的一些问题。

　　教育的局限性在于，它以教的一方的观点和想法来限制学的一方的思考。

　　即使是历史上的既存事实，因叙事前提和观点不同，得出的结论也会大相径庭。

　　就像哥伦布"发现美洲新大陆"的错误，显而易见是因为这个观点单纯地从欧洲视角出发，本身就缺乏对美洲大陆的认知。

　　理科学习中，常常采用"简化"的方法，抓住主要因素，忽略次要因素，比如忽略空气摩擦、假定为纯净物等，会从建立理想化模型开始，进行科学理论的教学。

　　虽然这样理想化的科学模型对科学的基础学习来说是必不可少的，但在某些重要的场合下，如果完全忽略这个前提，会对那些无处不在的空气摩擦、混合了杂质的物质，做出错误的判断。

　　尽管对事物的认知会存在各式各样的观点，但对其最初的学习一定是以特定的前提和观点为基础开始的。正是这些前提和观点，会对孩子的世界观和思维产生重大影响。

**　　教育，一方面以既有的知识和能力拓展孩子的视野，另一方面又对孩子的思考和想法产生了限制。**

　　换句话说，大家必须铭记在心的是，其他的想法、教法和观点，也是一直客观存在的。

　　所以，我们也要尊重孩子自己的学习方法和想法，尽可能地避免单方面强制为他们设限，应该鼓励孩子多方位、多角度地看待问题。

常识 3　"依照优秀的教材和方法学习"：导致丧失才华和干劲

　　就像争论教育的危害性一样，注意千万不要把特定的框架和基准硬塞给孩子。无论多好的教材和方法，如果不适合孩子，怎样强迫他们接受也无济于事。

　　"只要好好看教材，就应该会的！你为什么还是不会呢？"

　　"大家都说那个补习班不行，你去了也没用。"

　　仅凭一时认定的好坏标准、道听途说的"科学依据"，或者朋友的一句推荐等，就把主观认定为好的教材和学习方法强加给孩子，过度强调教材和学习方法的高口碑、低差评，而不顾孩子本身的需求和主动学习的态度，就容易主观误判。

　　即使再优秀的教材和学习方法，如果不适合孩子，也会摧毁他们的学习热情，埋没他们的才华。

　　不要随便把条条框框和成功方法灌输给孩子，而是应该努力去寻找与孩子能力相适应的教材和学习方法。

　　很明显，应该适时重新考量一下那些所谓好的教材、好的教学计划、好的学校，它们到底好在哪里呢？

对大多数孩子行之有效、与教育理论一致、得到名师的认可、经过大量实证，满足这些条件的教材和学习方法就一定好吗？

而且即使再优秀的教材和学习方法，即使对其他孩子来说成效卓著，但自己的孩子能否取得同样的效果依然存在未知数。

孩子能否取得预期的学习成绩，最终还是取决于教材和方法是否适合孩子现有的学习进度、能力和干劲等。

还是让我们把关注的焦点转到作为教育主体的孩子身上吧！无论教材和学习方法的口碑评价多么好，如果不适合孩子，就必须有勇气去寻求新的教材和方法。

记住，不管现有的教材、教师、学校或补习班的口碑有多好，都只不过是众多选项之一而已。

不要迷信某种教材和方法，多多关注什么才是适合孩子的吧！

□ 找到与孩子匹配的学习方法

那么，如何辨识出适合孩子的学习方法呢？

首先，最重要的是认真观察孩子的表现。

刚开始接触新的学习方法时，孩子可能会感到困惑与不安，需要花一些时间慢慢适应。对此没必要立刻担心，刚开始学习，孩子多半都不能达到预期效果。

预期的效果没有实现，不要催促孩子加快进度，或者自己心急如焚。

耐心地给孩子足够的支持和鼓励，让孩子慢慢地去适应新的学习方法。

度过最艰难的初始阶段，一点点地感受孩子细微的积极变化，如果孩子的学习表现渐渐变得积极主动，说明这方法可能适合他们。

如果过了很长一段时间，完全看不到任何改变的迹象，孩子的学习积极性没有丝毫改善，那么显而易见，这种学习方法并不适合孩子。

孩子与学习方法的匹配度，不会是黑白分明那样一目了然就能判断出来。

当然有时候，孩子的成绩和干劲明显提升，或者孩子一直垂头丧气，判断出他们与学习方法的匹配度会很容易。

大多数情况下，对匹配度的判断是处于模棱两可的灰色地带。

因此，持续不断地、具体地评估学习进度，是判断匹配度的一个很重要的标准。

仅凭大概的印象，很有可能会对孩子与学习方法之间的匹配度做出错误的评判。

有关有效评估学习效果的方法，详见第四章自我评估。

想让作为学习主体的孩子与学习方法达到最佳匹配度，需要不断地试错。

适合孩子的学习方法并不是唯一的，也不是一成不变的，即使现在合适，也并不能保证今后永远是合适的，也许还会找到更适合孩子的学习方法。

勇于试错，不要固执地只强加给孩子一种学习方法，要不断尝试新的学习方法。

常识4　"坚持用自己擅长的学习方式"：违背脑科学原理，阻碍记忆力的提升

很多孩子发现了自己喜欢的、擅长的学习方法，就觉得没必要再去尝试那些不太能适应的学习方法。

实际上，"坚持用自己擅长的学习方法"这种想法，是教育理论和指导的基本考量，也是一种普遍共识[4]。

"我觉得通过画图的形象化方式更容易理解。"

"我觉得通过看文字记得更快。"

"我不像你那样，喜欢一个人安静地学习，我喜欢通过讨论和大家一起学习。"

每个孩子都有自己喜欢的"学习方式"，大家普遍认为，适合孩子"学习方式"的学习方法才会更有效。

但是，其实这是特别需要注意的认知误区。

根据近年来认知科学的研究，并没有科学结论表明孩子以自己擅长的"学习方式"学习能提高学习效率[5]。

根据印第安纳大学瓦莱丽·迪安·奥洛林（Valerie Dean O'Loughlin）教授的研究，学生是不是以适合自己的"学习方式"进行学习，与他的学习成绩关系并不大[6]。

孩子认定这是自己独特的"学习方式"，与实际上这种"学习方式"是否有效并没什么关联性。

□ 综合运用多种学习方法

以最先进的脑科学为基础的"学习科学"表明，相比于以特定的方法学习，综合运用多种学习方法更容易加深记忆，提高学习效果[7]。

人类大脑富有弹性，能适应各种新方法，尝试不同的学习方式，会取得非常显著的效果。

要勇敢地跳出"自己擅长的学习方式"的固定思维，让孩子尝试掌握多种多样的学习方法。在第四章中会详细地介绍多样化学习的重要性。

常识 5　"规避压力"：违背人类基因特点会带来额外压力的不良影响

压力对我们的身心健康带来巨大的影响。容易产生巨大压力的环境，无法成为最适宜的学习环境。

然而，现实生活中不可能实现完全没有压力。而且，为了更好地学习，也没有必要完全消除压力。

事实上，认知科学的最新研究结果表明，适度的压力反而会提高记忆力和注意力，使学习效果得到大幅度提高[8]。

学习的时候，压力会激活加速身体机制和心理上的反应。应对压力的这种生理上和心理上的反应，甚至被认为有利于促进人类的进化。

周围的环境对我们造成一定的压力，就表示自己身处某种威胁之中。

压力之下，生理上和心理上的反应在短时间内加速，这种现象是人类在进化过程中为了生存而演化出的一个重要身体机能，也可以说是刻在我们每个人基因（DNA）里的一种生存策略。

因此，重要的是我们不应该害怕压力，一味地避开压力，而是应该时刻准备好与压力和睦相处。

斯坦福大学备受赞誉的心理学家凯利·麦格尼格尔（Kelly McGonigal）博士曾在 TED 演讲"如何让压力成为你的朋友"中介绍了有关这方面的研究[9]。

威斯康星大学麦迪逊分校（University of Wisconsin-Madison）的研究报告认为，与是否感受到压力相比，更重要的是把握好我们对待压力的态度。

比如，在强烈感受到压力的时候，如果总想着压力会对身心造成很恶劣的影响，那么非正常死亡的概率会比一般人高 **40%** 以上。

而且，那些非常在意压力会对身心造成恶劣影响的人与那些对此根本不在乎的人相比，其身体承受恶劣影响的概率高达 2 ~ 4 倍，精神上承受的痛苦更是高达 2 ~ 5 倍。

□ 善用压力的"方法"

与之相反，报告显示，**如果能以积极的态度面对压力，压力所造成的影响也会随之下降。** 凯利·麦格尼格尔博士在 **TED** 演讲中提到了哈佛大学心理学教授马修·诺克（Matthew Nock）的研究 [10]。

当人们感受到压力时，身体内会产生各种各样的生理反应。比如，演讲前感觉紧张时，反应之一就是心脏加速跳动。

诺克教授做了一个实验，他分别对两组演讲前的被试做了不同的说明。

对第一组被试，从医学角度对紧张等压力反应进行了说明，科学地解释为了演讲圆满成功，心跳加速是身体做出的正常反应。

对第二组被试，则省略了医学说明，只是说为了避免产生紧张等情绪，不要过多考虑压力的原因是什么。

演讲后的检查报告表明，与第二组被试相比，第一组被试很少发生心肺功能紊乱，反而专注力更高了。

也就是说，如果就像对第一组被试那样对压力做积极正向的解释，那么压力所带来的消极影响也会随之降低，使身心健康都能朝着积极的方向发展。

同样，也有报告表明，如果告诉大家考试前的紧张情绪有助于获得好成绩，身体内的压力反应就会明显减少，学习成绩自然也会明显提高 [11]。

积极、正向地解释压力，首先要正确理解，适度的压力反应反而会带来好的结果。

读到这里，我们已经迈出了重要的第一步，大家应该已经完全明白了：应该与压力积极相处而不是一味地规避压力。

除此以外，还有很多与压力和睦相处的方法。

感受到压力时，思考为什么会感受到压力。产生压力的诱因是什么，面对压力你会做出什么反应。在心中不断模拟"假如……我会怎样做"的脚本。同时设定好目标，让自己集中注意力。

感到有压力的时候，稍作休息，笑一笑，活动一下身体，这些都是有效减缓压力的小技巧。对于管理压力的更多小技巧，自己可以边寻找、边尝试，如果感到效果不错，就分享给孩子一起实践。

最后，如果真的发生"压力爆棚，感觉不妙"的情况，不要犹豫，应该果断地向医生或心理咨询师寻求帮助。

现在每个人都会有压力，这已经成为普遍的社会问题。寻求帮助并不是一件丢人的事情，也并不表明孩子或自己的抗压能力差。在解压方面对孩子给予适当的帮助，有利于提高孩子的学习能力。

常识 6　"考试仅为检验理解度和学习力"：导致失去促进学习的最好机会

前面已经说过了有关考试与压力的问题。既然考试会带来压力，又为什么不得不实行呢？

首先，简要地思考一下考试的目的，考试是为了检测现阶段自己对知识的理解度和学习力。

无论是国家级或地区级的标准学力测试，还是各类团体举行的资质考试，或者是学校的入学考试、期末考试等，虽然目的迥异，但都是把考试作为检测考生能力的一个工具。按照非常传统的想法，这正是实行考试的现实意义所在。

但考试的意义并不止于此。例如，常常有人指责美国升学时采用的标准测试，除了反映学生的学习力以外，还与父母的收入水平

息息相关 [12]。

又如前面所说的那样，考试压力程度不同及对待压力的态度不同，考试的结果也迥然不同。当然，考试当天的身体状况也会对成绩造成很大的影响。

甚至，相当多的人认为"考试的分数，只不过是一个指标，代表是否适应考试而已"。

也就是说，考试结果除了能反映出学生的学习力和对知识的理解度，同时还能深入反映父母的收入、压力管理能力、当天的身体情况、考试的适应性等其他情况。

无论何种因由，现实情况就是生活中处处都有考试。不管考试的目的是什么，也不能改变它会继续存在下去的状况。

所以，**考试作为学习的一环，真正理解它的功能是什么变得至关重要。**

□ 把考试作为促进学习的工具

考试真的仅仅是为了了解自己的学习力而不得不采用的一个工具吗？

学习科学的最新研究清晰地表明，考试是创造学习机会的最好工具。

参加考试的时候，我们对至今所学知识的记忆，必然会以某种形式被唤醒。

这种"记忆的唤醒"，是提升学习效果的关键所在 [13]。

比如，美国普渡大学（Purdue University）做了一项研究，将以记忆唤醒为基础的学习方法与其他传统的学习方法进行对比，评估两种方法的效果 [14]。

首先，被分为三组的学生分别采用不同的学习方法学习同样的教材。第一组学生采用的是反复阅读教材的方法；第二组学生采用的是阅读教材后用图形等做笔记归纳总结的方法；第三组学生采用的是用考试对所阅读过的教材进行记忆唤醒的方法。

一周后，让所有学生参加与教材相关的考试。

结果表明，第三组学生不仅在历史纪年等死记硬背问题上取得了好成绩，在考核思考力的应用题上也取得了非常好的成绩。

也就是说，如果仅仅把考试作为了解自己实力的工具，简直就是双重意义上的浪费。一方面，考试并不能完全真实地测试出学生的实力；另一方面，考试的优势未被充分利用。

我们需要重新认识考试，不仅仅把它作为评估所学知识的工具，更要把它作为促进学习的工具，好好地加以利用。

美国范德堡大学（Vanderbilt University）教育系的公开网站上，介绍了让考试更好地服务于自我学习的 4 个技巧[15]。

让我们学会这 4 个技巧，让考试成为学习的好帮手吧!

1. 时常回想学过的内容并进行测试；
2. 养成一边回忆所学知识一边进行总结归纳的习惯；
3. 学习新知识之前，对以前学过的知识进行诊断性测试；
4. 认识到无论是考试还是回忆性练习，都是为了提高长期记忆和学习效果。

上述 4 点技巧，无论哪一个都可以随时开始尝试。特别是第 4 个技巧，今天在与孩子对话沟通时，要不要就试着传达给他们呢?

常识 7 "反复练习同一道题"：解题速度提升，思考力却下降

对大多数孩子来说，做练习册和考试一样是必不可少的，需要反复练习。

市面上各式各样的练习册应有尽有，诸如加减法、乘除法、图形、汉字等，教师、家长和孩子都可以根据需要选用。

为了实现掌握特定的技能和知识的目的，练习册每页上设置了很多相似的题目，供使用者反复练习。特别是那些针对学前教育和小学教育的练习册，被公认能达成多种学习效果。

但是近几年，这种"反复练习相似题目"的常用学习方法，却受到很多质疑。

反复练习确实是学习过程中不可缺少的一环。

但很多练习册，只不过是在反复强化练习的次数和速度。

解题不仅要正确，速度也很重要。10 遍不行就做 20 遍，甚至更多遍，大量重复练习似乎帮助大家快速地"适应"了这类题目，得以迅速解题。

确实，通过反复做同样的题目更好地适应某种题型，能帮助孩子更快地得出答案，这一点毋庸置疑。

但是，单纯地快速解答计算题或死记硬背题型，并不能提高理解力和思考力。

不仅如此，这样容易养成用同样的思维惯式去解答同样问题的习惯，会抑制弹性思维方式和多角度解决问题能力的发展。

从脑科学角度讲，快速解答和深度思考是不同的动脑活动方式。

斯坦福大学的教育学教授乔·博勒（Jo Boaler）为了证明这一点，以几位著名数学家为例进行了说明。

"菲尔兹奖"被誉为"数学界的诺贝尔奖"，其获奖者当中，从小被贴有"计算能力低下""患有学习障碍""数学很差"等标签的数学家屡见不鲜 [16]。

□ 培养思考力的解题方法

那么，该怎样培养深度思考的能力呢？

博勒教授推荐的学习方法是，尝试用不同的解题方法和多种思考角度去做练习题 [17]。这种方法几乎已经渗透于美国各大教育体系。

以数学练习题为例，练习册里不是列举 20 道相似的习题，而是只列举 5 道习题，要求分别用 4 种不同的方法去解答。

脑科学研究证明，对同一道习题运用不同的角度思考、不同的方法去解答，能有效地提高学习效率。

而且，同样的事情用不同的方法去做，还能培养弹性思维方式，即使这个方法行不通，也能立刻换个方法去尝试解决问题，从而形成一边探索不同的做法、一边思考的良好习惯。

一口气做完 20 道练习题，的确会立刻感觉良好。每翻一页练习册，就感觉自己又前进了一步，这种成就感可能会不断激发孩子的干劲。

但是，解出几道题、做了几页练习册，并不代表一定能学好知识。

万事都需要平衡。仅仅通过反复训练、快速做题，并不能获得思考力和深度理解力，而应该采用多样性的学习方法加以培养。

常识 8 "应该一个人安静地学习"：导致"一半" 的大脑处于休眠状态

现在，客观条件经常要求居家办公，全世界都在开启在线学习，大多数父母都必须为孩子准备或重新调整新的学习环境。

能拥有自己的专属学习空间无疑是幸运的。但很多人却只能与家人共享学习空间，那么，父母在家办公期间如何为孩子打造一个能集中注意力的安静学习环境，成了一个棘手问题。

"应该一个人安静地学习"的看法似乎言之有理。

在安静的场所集中注意力学习，一直是一种公认的正确学习态度。而与朋友们一边闲聊一边学习，则被认为学习的效果一定会大打折扣。

但需要注意的是，一味固守"一个人安静地学习"的模式，也许会白白失去那些更有效的学习机会。

之所以这么说，是因为最新的脑科学表明，"协同合作"对取得良好学习效果也是至关重要的。

我们的生活离不开与他人的沟通与合作，也就是说，"协同合作"

存在于我们生活的方方面面。

大脑中管控人的社会性的部分被称为"社会脑"，对这方面的研究认为，当我们与其他人发生合作时，社会脑开始活跃，控制思考和行动的大脑前额叶皮层也因此变得更发达。也就是说，脑科学认为，"协同合作"能有效地促进学习[18]。而"独自安静地学习"会让社会脑处于休眠状态，导致无法达到最佳学习效果！

"协同合作"与学习的深度关系，也会体现在孩子的考试成绩中。

例如，在此我想介绍一下来自大家都熟悉的"国际学生评估项目"的分析报告。

国际学生评估项目，简称 PISA，是经济合作与发展组织（OECD）对全世界 15 ～ 16 岁的学生进行的每三年一次的一种学力测评，包括对阅读、数学和科学 3 方面的能力评估。

2015 年，在 PISA 的学力测评中导入了对"协作解决问题"能力的测试内容。测试形式是让几个学生讨论合作中如何解决问题。

2015 年的测试结果表明，"协同合作"能力与 PISA 的其他学力成绩成正比。

在学力测评中名列前茅的学生，他们的"协同合作"能力也出

类拔萃；相反，学力测评较差的学生，他们的"协同合作"能力也
明显偏低[19]。

□ "协同合作"与学习效果深度相关

以下实验研究充分地说明了社会脑与学习之间关系密切。

让两组参加测试的孩子阅读与日常活动相关的教材。直接告诉
第一组的孩子，读完后会对其中的内容进行记忆测试。而对第二组
的孩子，让他们一边阅读教材，一边想象与文中所述日常活动相符
合的实际人物。

最后，第二组的测试结果远远好于第一组。

也就是说，即使不是真正地与其他人进行互动，仅仅通过想象
涉及其中的人物让大脑运作起来，也会促进记忆力的提高[20]。

从"协同合作"与学习相关的角度，也能让我们重新认识已经
普遍存在的那些传统教育方法。比如不要只是一个人闷头学习，同
伴辅导的方法有显著的效果[21]。众所周知，为了能够讲给别人听，远
比纯粹为了考试而学习的效果好。无论是教的一方还是被教的一方，
学习效果都会明显提高。特别是教的一方，效果尤为显著[22]。

当孩子说想跟同学一起学习的时候，家长会担心"最后只不过

是玩耍而已"；多数人认为学习应该是一个人安静地学习，才能集中注意力，这样的想法也是人之常情。

　　然而，无论从脑科学还是心理学上，都表明"小组学习"的学习效果很不错。所以不要轻易地否决"小组学习"，首先应该考虑的是，如何指导孩子与同学一起学习时不因玩耍和闲聊而浪费时间。

　　如果"小组学习"确实很难实现，也应该多创造类似"协同合作"的机会，比如让孩子把所学的知识与家人一起讨论，让他们的社会脑活跃起来，以达到提高学习效果的目的。

　　还有很多世人公认的学习常识，实际上都是错误的、行之无效的。

　　如果大家能把本书的内容作为今后改进教学的一个参考，我会感到万分荣幸。

　　本章所提及的一些会给孩子带来危害的教育方法和学习习惯，已经在斯坦福在线中学教育教学中得到果断纠正和改进，并在我们的设计理念中深刻地反映出来。

　　这所未来型学校设计理念上的秘密，会在之后的章节中一一为大家彻底剖析。

第一章

打破常规

　　创建斯坦福在线中学的那年，是我在斯坦福大学哲学系攻读博士学位的最后一年，而我早早就写好了博士论文，正在考虑该如何打发这一年左右的剩余时光。

　　恰在此时，一位在读研究生朋友向我推荐，要不要试试参与"创建面向中学生的哲学课程项目"。

　　美国与日本一样，学生都是进入大学后才开始系统地学习哲学。我虽然还只是未出茅庐的哲学博士生，却也一直想着能为传播哲学尽自己一份微薄之力。所以一听到这个项目构想，我非常感兴趣，立刻心潮澎湃、迫不及待地向朋友询问项目细节。

　　"斯坦福大学准备创办面向中学生的在线课堂，想创建一套以哲学为必修课的学习课程。"

　　当时在硅谷一带，网络远程教育这一话题已经成为家喻户晓的热门话题。

　　"面向中学生的哲学课程" ＋ "流行的在线教育"！

　　我觉得这种组合的构想真是太好了！当即决定加入新学校的创办工作。

　　可是，正如我在前言中提及的那样，这个决定其实与我惯常的行事风格相去甚远。

那时，我在潜心钻研哲学的同时，也在为本科生和研究生授课。斯坦福大学的学生个个天资聪颖，学习能力超群，似乎哪个老师教他们，最后的效果都相差不大。所以，我根本感觉不到授课的意义。

因此，虽然开发制作哲学课程的过程很顺利，可是当新学期即将开始、真正要走上课堂的时刻，我突然感到极度不安。

我之前从未教过美国的中学生，何况还是通过在线课堂远程授课，再加上原来对教学工作一直无法投入，现在不可能带着兴高采烈的情绪去上课。

我当然也不能半途而废。而且，还在攻读博士学位的我也需要这份收入维持生计。所以，我选择咬牙忍受，并直面自己的"教学抵触症"。

然而，正如我在前言中所说的那样，新学期开始不久，我的"教学抵触症"就不治而愈了。

我深切地感受到中学生在学习上发生了巨大变化。正是因为这一点，使我非但不再对教学工作心生抵触，反而让我对教学产生了极大的热情。

我和在线中学的学生们一起努力，顺利完成了第一年的在线课程。我本打算只以"临时工"的身份参与在线中学教学工作，不知从何时开始，我已然改变了想法，决定以此作为自己的终身事业。

我一直觉得，正是因为我过去同时兼具"教学抵触者"和"哲学研究者"的双重身份，才会重新审视现有的教育常识，运用批判性思维进行思考和纠正。

事实上，斯坦福在线中学已经取消了一些"学校常规"。

到底取消了哪些常规？为什么要取消这些常规呢？下面我会为大家介绍学校实施的一些主要的教育改革。

照本宣科式教学：设定的学习难度太高

"取消教师讲课？那还能叫学校吗！"事实上，斯坦福在线中学从创办伊始，采取的上课方式就是学生和教师在线讨论，而不再采用我们在公共教育中常见的"照本宣科式授课"。

我小时候读的是当地的公立小学，我因为擅长绘画，时常得到地区表彰。记得有一次我获奖的绘画标题是"无聊的课程"。画中描绘的是自己面无表情地坐在教室里，手捧教科书，两眼却在眺望窗外的远方。画面生动地呈现出一种让人无精打采、百无聊赖的课堂气氛。

这样的主题画作里，当然会有教师正在上课的身影。

教师站在教室黑板前，热情洋溢地讲解课本里的知识，黑板上写满习题和算式——这是"照本宣科式授课"的经典场景。

照本宣科式的授课方法确实有很多优点。无论班级大小，教师讲课都很容易。容易设置课程的节奏，可以有效地覆盖教材的主要内容。

因此，这种模式在公共教育领域极为常见，这些领域需要按照标准课程进行指导，有时数十人，有时数百人。

但是，以课堂教学为基础的课程，对学生的学习难度的基本设定都很高。

首先，必须注意力集中。即使是成年人，也很难做到在多人的环境下长时间地集中精力认真听课。

其次，照本宣科式授课还需要学生掌握记笔记、抓住要点等一系列的学习技能。以照本宣科为基础的授课，教师无法针对每个学生的具体情况进行个别指导，所以无法调动学生的积极性和自身能力，也就很难实现有效的学习。

对于上这种课程的学生来说，要在被动的状态下长时间保持注意力集中并积极地跟上课程内容，并非易事。

基于上述情况，斯坦福在线中学取消了传统的照本宣科式的"课堂"，在线推出了世界首个"翻转式课堂"。在传统的照本宣科式课堂中，学生在课堂上听教师讲课，课外再根据所学的内容完成作业，并反复做练习。而在"翻转式课堂"中，学生课外自主预习课程内容，课堂的时间用来进行学生之间或师生之间的讨论互动、解题等参与式的学习。教师的讲课时间被预习教材、观看录像等课前的自主学习所取代。

翻转式课堂是一种崭新的教育方法，颠覆了"教师课堂授课、学生课外练习"的传统教学模式，近年来引起了人们极大的关注，日本引进"翻转式课堂"的教育机构也越来越多。

因为我们是在线模式授课，更应该采取参与型课堂。

考虑到这一点，我们取消了传统的照本宣科式授课方式，反向导入了促进学生参与其中的小组讨论式课堂。

我们将在下一章中详细为大家介绍"翻转式课堂"。

年级：一种不公平的"公平制度"

"啊？！你的孩子都已经上初二了？他 13 岁？还是 14 岁了？"

和亲戚或朋友谈论孩子时，相互之间这样的话题再正常不过。

但是，如果孩子"就读"斯坦福在线中学，这种很自然的对话也许就再也不会发生了。

因为斯坦福在线中学根本不按年龄来划分学生进入的年级。学生可以根据自己的学习成绩和学习计划自主选择年级。

因此学校会有所谓"跳级"的学生，甚至还有 9 岁就上初中的学生。

所以，斯坦福在线中学完全不存在像学年制那种看似公平实则不公平的制度。

实行以年级为单位区分学习内容的学年制，确实在某种意义上有效解决了公共教育问题。

公共教育领域不得不利用有限的资源为更多的学生提供帮助，所以学年制成为必不可少的教育机制。

日本公共教育的学年制度适用于所有的孩子，从这一点上讲，或许可以说是"公平的"。

但实际上，即使是同一学年段的孩子，年龄的差距最大也会有 1 岁左右。更何况，每个同龄孩子的生活背景、学习情况和未来的目标等方面存在很多差异。

每个人在同一规则下接受相同的教育，从这一点来说也许是公平的，但是让能力和需求完全不同的学生只能接受相同的教育，细思一下这也不太公平。

如果真想为每位学生的学习提供量身定制的支持和帮助，仅仅按年龄决定年级是不够全面的，让学生设计适合自己的学习，才是我想实现的教育模式。

基于这种想法，斯坦福在线中学以"自主学习设计"（design your learning）为主导思想，推出了适合每位学生需求和目标的教学体系。

首先，我们抛开了按年龄划分年级的做法，取而代之的是让学生根据自己的学习进度和学习计划来挑选学年。

斯坦福在线中学的学生在入学时，可以自由地选择自己适合的入学年级。在入学申请书上，学生自行填写想读的年级，从初一到高三都可以。

入学审查时，我们会根据学生的志愿，通过判断学生的准备是否充分、毕业年份是否与学习计划一致等，最终决定他们的年级。年龄也是其中一个重要的因素，但不是唯一的决定因素，我们通过综合判断来决定学生最后的年级分配。

入学后，学生还要继续进行自主学习设计。在校期间，学生和指导员还会定期讨论学习计划和学习进度。

必要的情况下，我们还会根据学生实际的学习进度对学习计划做一些调整，例如留级重读、加快学习进度或学习更难的进阶课程。

除此以外，我们还会培养学生对学业以外的课外活动的兴趣。学生为了做到学习与体育、艺术等各种课外活动的平衡，会本着"自主学习设计"的理念，逐步规划好适合自己的学习计划。

课程计划：强迫学生学习相同课程太不合理了

在斯坦福在线中学，划分年级只是作为预计学生几年后毕业的一个标尺而已，并不要求同年级的学生必须遵守一致的课程计划，学习相同的内容。

也就是说，斯坦福在线中学的所有学生都没有统一的课程安排。

举个例子，让我们看一下同是高一的学生吉姆和凯蒂的课程表（表 1-1）。

表 1-1　吉姆和凯蒂的课程表

吉姆的课程表	凯蒂的课程表
科学史与哲学	科学史与哲学
英国文学 II	现代文学
拉丁语 I	西班牙语 5
AP 物理	代数 II
线性代数	化学基础

他们两个虽然都读高一，但是学习的课程却不尽相同。两人唯一共同的学科是"科学史和哲学"，因为这是高一唯一的一门必修课。

让我们仔细看一下。

从表 1-1 中可以看出，吉姆好像比较擅长理工科。

英国文学 II 相当于日本高一的语文课程。拉丁语 I 是拉丁语入门课程，也相当于高一的水平。

然而，AP 物理相当于大学的入门级别课程，线性代数则与斯坦福大学数学系的课程相同。所以从课表上看，吉姆虽然只是高一，但是他所擅长的理科课程已经达到了大学水平。

相比之下，凯蒂对文科非常感兴趣。其中代数 II 和化学基础是高一水平，而现代文学则是大学英国文学课程。

另外，西班牙语 5 比大学入门级别的西班牙语 4 更高一级，是西班牙文学的阅读课程。

像吉姆和凯蒂这样选课差异较大的情况绝非罕见。即使同一年级的学生，学习课程都非常多样化。所有课程都相同的学生非常少。

这让我们更加确信，通过"自主学习设计"这一主导思想设计的教学系统，可以有效地满足学生学习需求的多样性。

时间表：不要束缚每个孩子的生活方式

"自主学习设计"的核心在于让学生制订自己的时间表。即使学生的科目是一样的，上课时间也不一定相同。

斯坦福在线中学的授课形式基本上都采用小班研讨会的方式，对于大多数学生都会选择的课程，会安排在多个时间段进行授课。

由于学生来自世界各地，同一科目的课程会重复安排在不同的时间段，有时需要克服时差上课。

比如，对于居住在加利福尼亚西海岸的吉姆来说，早上 6 点的课程有点太早了，而对于居住在东海岸、时差 3 小时的凯蒂来说，上午 9 点上课却正好。

许多学校都是学生根据校方规定的时间表来安排自己的上课时间，但斯坦福在线中学却采取了不同的方法。

每年一到需要制定时间表的时候，学生会向学校提交自己的睡眠和其他课外活动安排的具体时段。

我们需要做的，是把学生的日程安排、时区和教师的日程安排都记录在计算机里，由计算机自动优化，从而制定出适合每个学生的课时表（表 1-2）。

这样，学生可以在设计自己学习的同时，保持学习与课外活动的平衡，创建自己健康美好的生活。

为了给学生提供更好的学习帮助和服务，斯坦福在线中学摒弃了传统的课时表，并对学校的日程安排进行了重大的改革。让学生按照"自主学习设计"和"自主人生设计"（design your life）这两大理念来安排学习。

我们来具体看看吉姆和凯蒂制订的课时表。

表 1-2 计算机自动优化的课时表

西海岸时间	吉姆的时间表		凯蒂的时间表		东海岸时间
	周一 周三	周二 周四	周一 周三	周二 周四	
0：00	睡眠时间		睡眠时间		3：00
1：00					4：00
2：00					5：00
3：00			慢跑		6：00
4：00			自由时间		7：00
5：00					8：00
6：00			自习时间	科学史与哲学	9：00
7：00				化学基础	10：00
8：00	自由时间		芭蕾舞练习		11：00
9：00	科学史与哲学	自习时间			12：00
10：00	自习时间				13：00
11：00	英国文学 II				14：00
12：00	自习时间				15：00
13：00	拉丁语 I	拉丁语 I	自习时间	自习时间	16：00
14：00	自习时间	自习时间	西班牙语 5	西班牙语 5	17：00
15：00	线性代数	AP 物理	自习时间	自习时间	18：00
16：00	空手道	自由时间	现代文学	代数 II	19：00
17：00		小提琴练习	自习时间		20：00
18：00			自由时间		21：00

（续）

西海岸时间	吉姆的时间表	凯蒂的时间表	东海岸时间
19：00			22：00
20：00	自由时间	睡眠时间	23：00
21：00			0：00
22：00			1：00
23：00	睡眠时间		2：00

　　从斯坦福在线中学毕业的全科生，平均每学期要修 5 门功课。吉姆和凯蒂两人都是全科生，所以他们也分别学习了 5 门科目。每个科目的研讨课是一周两次，分别安排在周一和周三、周二和周四这两个时间段。

　　比如，居住在西海岸的吉姆将"科学史与哲学"研讨课时间定在周一和周三，而凯蒂则将这门课定在周二和周四。

　　与其他课程不同，拉丁语和西班牙语等语言课程，是每周 4 次，所以比其他课程相对更频繁。比如吉姆将"拉丁语 I"分别安排在周一和周三、周二和周四这四天各上一次课。课外时间用来预习和研究课题。学生之间还会进行小组学习和专题研究等活动。因为学校规定，学生如果没有安排自习时间就不能参加课堂学习，所以可以看到吉姆和凯蒂的课时表每天都安排了自习时间。

　　除了上课，吉姆会留出时间练习空手道和小提琴，凯蒂则会学习芭蕾舞。特别是凯蒂，她想成为专业的芭蕾舞演员，所以她把每天上午全部安排为芭蕾舞训练时间。将不同的学习需求纳入自己的学习设计和人生设计，每位学生都可以根据自己的科目选择和时间安排制订适合自己的课时表。

放学后：在线学校也可以安排课外活动时间

社团活动、集训、文化节、体育节、学生会等各项课外活动也是学校生活的重要部分，放学后大部分就是课外活动的重要时间段。

我初中时加入了学校的柔道队，高中则加入了排球队。

我刚上中学时，柔道部教练担任我的班主任，由于我体格健壮，一下子就被他选中，开始练习柔道。

我尽情享受柔道队生活的同时，也深受青春期的困扰，总是纠结于"练柔道会不会不被女生青睐"。打篮球和踢足球的男生个个飒爽帅气，都属于被女生青睐的宠儿。练柔道的男生一身臭汗，会不会不被女生喜欢呢？

而且，因为自己个头不是很高，所以我特别憧憬长得身材高大。听说练习跳跃投篮会使个子变得更高，尽管隐约觉得这种说法不可信，可我还是不能将这种想法完全从脑海中抹去。

因为一直怀着这种想法，我高中时就从柔道队转到了排球队。在排球队里我算矮的，一直担任二传手。我高中的大部分时间都奉献给了排球，可是个子依然没有什么变化。

斯坦福在线中学为了便于生活在世界各地的学生学习，上课时间设定为美国西海岸时间早上 6 点到晚上 10 点。

因此，有课的日子里，很难安排"放学后"的时间。

当然，你也可以像吉姆和凯蒂那样，选择学校以外的课外活动。但是，每个学生又有不同的时间表，如果没有"放学后"的时间安排，如何开展学校的大型集体活动和其他课外活动呢？

通常学校的日程安排是从周一到周五，早上开始上课，到下午三四点就放学了。放学后社团活动等课外活动随之开始。

我们的日程安排上完全不同，我们设定的上课时间是周一到周四，把普通学校下午"放学后"的时间集中移到周五进行。

这就是为什么大家看到吉姆和凯蒂的课时表里，没有排入周五的日程。斯坦福在线中学的周五，全部分配给俱乐部活动、学生会活动和部分学生的额外课外活动。每到周五，学校会把当天的集体活动清单发给学生，学生可以根据自己的日程安排参加在线的课外活动。

　　为了满足学生的学习设计需求，我们把一天的课程时间延长了，然后把普通学校放学后的活动时间，集中到周五这一整天。

　　这样，上课教师也可以利用周五为学生的表现评分或为下周的课程备课，这项教育改革简直是一举两得。

考试：只作为结果评估没有任何意义

　　谈起斯坦福在线中学，大家最常问的问题是：你们如何安排考试？

　　普通学校的考试会有期中考试、期末考试及日常随堂小测验。如果在线考试，大家完全可以大摇大摆地作弊了！答案可以通过网上搜索，也可以通过即时通信软件询问好友等渠道轻而易举地获取。大家毫无疑问会对网上答题存有这样的担忧，所以在线测试确实是一件让人头疼的事。最近，很多提供"在线测试监考"服务的公司如雨后春笋般兴起，但是，它们主要适用于大学和资格考试等项目。

　　那么，斯坦福在线中学是怎么安排考试的呢？

　　首先，我们把大量测试以外的任务，如小论文、自由课题、主题策划及测试以外的作业等放入每个科目的全年课程安排，尽可能地使用测试以外的其他方法对学生进行评估，因此取消了一些不必要的考试。

此外，我们灵活使用"开卷"这种测试形式。

学生可以在考试时查看任何资料。这是"在规定时间内答题"的一种考试形式。

可是如果学生利用互联网或教科书就能迅速找到考题的答案，只会助长他们死记硬背式的学习习惯。

斯坦福在线中学的开卷考试模式，为学生运用自己所学到的知识深入思考并解决新问题提供了良好的练习机会。

对于项目策划、自由课题这类开卷考试，最担心的问题是出现从某网站剽窃他人成果、"抄袭"或学生之间互相抄答案的现象。

为了解决这类问题，有人还开发了专门的软件，通过搜索网站、其他人过去提交过的报告或其他同学已经提交过的报告等，对比发现是否有抄袭行为。

虽然这些方法也被纳入我们学校的教学系统中，但是我觉得最重要的是，在日常教育中就应该耐心地教导学生明白，剽窃和作弊这类行为为何不可取，以及会产生怎样的后果。特别是在美国，详尽地规定了"引用"的原则，判断抄袭的尺度非常严格，同时，学校会通过课堂和资源库，全方位地给予学生支持和帮助。

当学校有必要以正常形式进行考试时，学生必须登录考场，在专门的考试监考系统下参加考试。

斯坦福在线中学的学生在入学时，需要事先登录相关考场，并且在自己的所在地寻找可以帮忙监考的地方，比如图书馆、大学、补习班等教育机构。

考试日期一旦定下来，学生必须在自己登录过的考试会场预约监考。

监考机构会下载考试当天收到的链接并测试，确保可以正常使用。考试结束后，扫描答案并上传到指定的网址。

学校会把上传过来的试题答案转发给相关科目的教师批改、评分。通过这种方式，我们尽可能地替代了传统的考试制度。

当然，采取这种考试改革，是因为在线教育实在很难实行传统的考试。

更重要的问题是，为什么非要考试？

我们只在考试本身能带来最佳的学习效果时才会对学生进行测

试，否则会采用其他更合适的方法来测试学生。基于这种教育方针，我们对传统意义上的考试也进行了相应的改革。

偏差值：只与他人做比较，不是真正意义上的学习

那么，我们如何评估学生的个人能力和学习成绩呢？

教师会从各个方面对学生进行综合评估，例如小论文、项目策划、定期的作业、小测验（需要的情况下）、出勤率、上课的态度，讨论发言的质量等，最终得出学生的期末成绩。

归根结底，每次的课题评估结果和期末考试成绩，都是为了促进学生今后更好地学习。

学生通过评估结果，了解自己的强项，发现需要改进的地方，从而更好地设计自己接下来的学习。评估只是一种学习工具，而不是竞争排名的手段。正如序章中所说的那样，考试不是衡量个人能力的唯一工具。

因此，斯坦福在线中学评估学生的主要方式，是教师对学生

每次提交的课题作业及测验答卷进行评估，并给予学生大量的反馈意见。

学生通过教师对课题作业中的具体反馈意见，不仅能了解自己的对错或分数，而且能具体掌握自己的强项和需要改进的地方。

教师对学生课题作业的反馈才是重要的教学工具，也是教师之间交流的重要议题之一。

我们在对学生的课题作业和测验答卷进行评估的同时，也在观察这些反馈和评估会给学生带来怎样的学习效果。

近年来，美国大学入学考试竞争愈发激烈，过度强化竞争的评估方法反而会阻碍学生的学习。基于这种情况，斯坦福在线中学取消了给学生排名次和评估偏差值的制度。

我们需要重新思考，学生之间互相比较学习成绩到底会带来怎样的学习效果。是不是"还有很多人的成绩排在我前面，所以我必须更加努力"？当今社会考试竞争激烈，那些能将排名和偏差值中受到的压力转化为学习动力的学生真是太幸运了。

我们作为教育工作者，不应该通过强调竞争心去激励学生，或者指望落在下风的学生干劲十足地去学习。

与他人做比较不一定能激发学习动力，也不可能培养出学生持续学习的主动性。

学生应该学会自我探寻今后学习的具体方向，比如"我想掌握这些技能""我应该多了解这方面的知识""这部分我已经掌握得不错了，应该花时间更专注于自己不擅长的科目"等，学会用考试成绩指导自己更加主动地填补学习中的不足。

在这一章里，我已经为大家介绍了斯坦福在线中学实施的几项主要的教育改革。我们打破了"学校常规"，为学生创造了更多自主学习的机会。

如果只是推翻固有的传统，并不能形成良好的教育。重要的是我们将其推翻之后，要采取的新举措是什么。

在下一章，我们将进一步探讨，为何斯坦福在线中学通过远程教育也能成为美国顶尖中学。

第二章

何以成功

斯坦福在线中学

在线教育的热潮始于 21 世纪头十年后期。

2013 年，大规模开放式在线课程（简写为 MOOC）传入亚洲后，很快在全世界形成星火燎原之势。来自世界任何地方的任何人，都可以随时随地免费获取知名教授的讲座和其他教学素材。MOOC 作为一种新的教育形式，引起了爆炸性的关注，并快速传播到世界各地。在美国，哈佛大学、麻省理工学院、斯坦福大学等各大名校也都纷纷创建了 MOOC 课程。

不过，这种新型教育模式所存在的问题很快就暴露出来——结业率低下。无论是大学生，还是社会人员，平均结业率为 5% ~ 15%[23]。

尽管 MOOC 录制的讲座和采用的教材都很优质，但它并不能完全取代学校的课堂教学和集体活动。换句话说，它充其量只能算是一种新型的"教材"，并没有提供教育所需的全面支持。因此，21 世纪初的在线教育热潮，从对 MOOC 的过度期望开始转向更加现实的方向。在这种趋势下，除 MOOC 以外的新型在线教育形式——斯坦福在线中学等也随之诞生。

然而，由于 MOOC 一直以来都具有极高的关注度，所以只要谈起在线教育，人们的脑海中总会想到 MOOC 的模式。

因此，一听到是"在线中学"，总会很自然地将它与 MOOC 模式对应起来。

即使对我们学校感兴趣的学生和家长，也不禁对这种网络教学模式持怀疑态度。

"在线课堂模式，学生上课难免会分心，无法集中注意力""老师和学生没有互动，学生会感到孤单""担心如何培养学生的社会性""能交到朋友吗？能和教师交流吗？"……学校每天都会接收到来自家长各种类似的焦虑和疑问。

而我就是想在网络虚拟空间中，创建一所超越现实的学校，不是建立尽可能接近传统的、现实的学校，而是建立一所只有虚拟空间才能实现的、比传统学校更好的网络学校。

因此，我最优先考虑的是建立学校社区，以及如何更好地为学生提供帮助。

为此，我们开发了一种特有的机制，为的是创建一个超越现有传统学校的、全球性的学习社区。

　　我们在网络教育和教育技术的发源地——硅谷，乘风破浪，向现有的教育模式勇敢地发起了挑战。

　　斯坦福在线中学只是一所在线学校，为什么它能击败传统学校一跃成为美国顶尖名校呢？在本章中，我将彻底地为大家揭开这个秘密。

世界上首个在线"翻转课堂"到底是什么样子

　　结业率低下的问题，并不是方兴未艾的 MOOC 独有的问题，而是整个在线教育经常被质疑之处。

　　但是，**结业率和参与率低下并不是在线教育本身的问题，而是如何使用在线教育这一教学工具的问题**。例如，我在第一章中提到的"照本宣科式授课"模式，会加剧网络环境下结业率低和参与率低的问题 [24]。

　　学生在线上课时，需要使用互联网。也就是说，这时他们必须抵挡来自互联网的视频和游戏网站的诱惑 [25]。

　　此外，因为身边没有教师或同学的提醒或监督，学生还可能一边在线上课，一边使用自己的智能手机的其他功能或干脆打瞌睡。

如果学生想逃课，即使他们登录了在线课程，也可以轻而易举地做到"人"在心不在。

对教师而言，在网络环境下如何掌控学生上课的专注度，明显比面对面授课更困难，他们很难张弛有度地把握课堂节奏，或及时地提醒学生注意听讲。

而且，在网络环境下，一些照本宣科式授课的弊端，比如学生经常被动参与、学习难度高等问题，变得尤为突出。

也就是说，照本宣科式授课和网络课堂组合在一起，往往导致学习效果非常糟糕。既然如此，倒不如取消传统的照本宣科式授课，而采用另外一种可以促进学生积极参与的上课模式。

由此，斯坦福在线中学采用了小班制"翻转课堂"。

斯坦福在线中学每堂课的上课人数平均设定为 12 人。

学生必须在上课前进行预习，通过看课程录像或阅读教材，在上课前提前学习当天授课的内容。

在预习的前提下，大家在课堂上一起讨论或做练习题。因为是以小组为单位进行的课堂讨论，所以学生之间的交流非常活跃。

由于所有学生都需要积极参与课程，即使在网络环境下，也可以有效防止学生像照本宣科式授课那样被动地听课。

此外，这种小组讨论式的授课模式下，如果学生不事先预习所学内容，根本无法积极地参与课堂活动。所以即使学生很想跳过独自预习这一步骤，但一考虑到这样自己就无法参与小班制的课堂讨论，为了避免引人注目，他们不得不提前预习。

对于"翻转课堂"的在线小组讨论，我认为，解决"随时随地型"网络教育自身问题的关键在于鼓励和指导学生积极地参与到课堂中去。因此，"翻转课堂"的学习环境是我们创建在线学校的核心。

一开始，我也接收了一些无法参加小组讨论的学生，但接下来的几年里，我断绝了这个先例，严格要求所有学生都必须参加小组讨论。

学校明文规定，如果不参加"翻转课堂"小组讨论，学生所学习斯坦福在线中学的课程将不被认可。

灵活的日程安排和参与型小组讨论相结合

　　斯坦福在线中学导入了现场参与型的小组讨论课堂，这虽然听起来不错，但是与在线教育的主流却背道而驰。从某种意义上说，这种上课模式旗帜鲜明地否定了在线教育的部分优势。我的初衷并非想完全割舍掉在线教育"随时随地"的优势，但是，这个优势与小组讨论课堂能兼而得之吗？

　　斯坦福在线中学的教育目的是吸收来自世界各地的学生，以"自主学习设计"为宗旨给他们创造机会，让每位学生探索自己独特的学习方法。每名学生的居住地不同，学习计划不同，学生的课外活动的自主权也应该受到相应尊重，在这种情况下，学习计划的灵活性至关重要。那么，能否在保持灵活性的同时实现这种参与式的现场课程呢？

　　所以，"翻转课堂"就是让两者相融合的最佳方案。

　　在线中学的所有学生平均每天要参加大约两个半小时的现场课程。他们必须在规定的时间到场。

　　其余的时间可以用来学习"翻转课堂"的其他课程，为下一次现场课堂做准备，参与其他的课外活动，或者用来做与自己日程安排相匹配的其他事情。通过现场课堂和课外学习的适度结合，学生可以根据自己的学习计划和其他课外活动灵活地制订自己专属的学习计划。

通过这种方式，我们成功地将现场参与式小组讨论课堂与"随时随地型"的在线教育进行了适度的融合。

此外，通过小组讨论这种有意义的课堂互动，学生之间的交流频繁而活跃起来，形成了一个个独立的学校社区。

"翻转课堂"的现场小组讨论课在构建学校社区方面发挥了最重要的作用。

揭开培养学生才能的"天才教育"的秘密

接下来让我们介绍一下，参加小组讨论的那些斯坦福在线中学的学生都是什么样的孩子。

斯坦福在线中学每年会招收 800 ~ 900 名在校生。这些学生的目标和需求非常多样化：有的人想考进美国一流大学；有的人将来想到美国的大学留学；有的人由于家族经商等原因暂时离开美国，但迟早会再回来；有的人因为体育或艺术特长，需要经常在世界各地旅行；有的人由于疾病或残障，只能在家里或待在治疗机构，无法在普通学校学习；有的人想接受大学及大学以上的高等教育。

这些学生中，有许多孩子被大家称为"天才少年"（gifted）。

英文 gift，除了"礼物""赠品"之意，还有"才能"的意思，"才能"可以算是来自上天的"礼物"，带有一种天分。因此，一些智商高能力强的孩子被大家称为"天才"。

美国教育相关的联邦法中对 gifted 定义为：在包括学术、艺术、领导才能等在内的特定领域，被公认为极具才能的孩子[26]。

普通学校难以为这类天才少年提供相应的教育服务，为了让他们的高智商得到充分的发挥，需要专门为他们提供量身定制的"天才教育"。

斯坦福大学长期引领美国的天才教育。在 20 世纪 90 年代早期，斯坦福大学的名誉教授帕特里克·苏佩斯（Patrick Colonel Suppes），设立了一项旨在支持天才少年的教育项目。这个项目被命名为"天才少年教育计划"（EPGY），顾名思义，这是一项专门为天才少年设计的教育系统，因此深获好评。成立于 2006 年的斯坦福在线中学就是这个项目的一部分，所以学校最初的名字是"天才少年在线高中"

（EPGY Online High School）。2010 年以后，EPGY 退出其历史舞台，学校改为现在的名字——斯坦福在线中学。

从那时起一直到现在，支持天赋异禀的孩子仍然是斯坦福在线中学的使命之一。天才教育有两个主要目标，首先是为天才少年们创造一个可以充分发挥他们才能的学习环境。

即使天赋异禀，如果缺乏适当的支持和引导，天才少年也无法茁壮成长、开花结果。就像没有适当的训练，再优秀的运动员也一样无法充分发挥自己的潜力。

其次是要在充分理解他们自身特有问题的基础上，为他们提供必要的支持和帮助。

天才少年不是万能少年，因为天赋异禀，天才少年也容易出现常人不会遇到的问题。

比如，他们会觉得常规的课程太简单了，在课堂上感觉很无聊。他们的见解往往过于独特，让其他的孩子无法理解，而且还会执着于自己的看法和做法，不屑于和别人解释沟通，导致无法与其他学生融洽相处。

他们很难适应正常的学校环境，并可能导致精神上出现问题。现实中，有些孩子在某个特定领域极具天赋，同时又患有精神疾病和学习障碍，这样的孩子不在少数，他们被称为"双重特殊学生"。

在研究天才少年身上存在的特有问题的同时，也要考虑如何为他们提供学习上的帮助，这也是天才教育的主要课题之一。

不要让所谓的中学固有框架限制每个学生的可能性，而应该尽可能为他们提供所需要的支持，竭尽全力去因材施教。

斯坦福在线中学提供了能达到大学水平的高水准学术性教学计划，让学生"自主学习设计"的教学宗旨，与天才教育所要实现的主要目标达到了深度契合。这就是为什么很多天赋异禀的孩子会报考斯坦福在线中学的原因。

其实，这里需要注意的是，"天才少年"只是根据某些标准被贴上的特有标签。

只不过这种标签也表达了某些学生的特殊需求，为了满足特殊需求，促成诸如"天才教育"等新概念的出现，所以权且算是有一定的意义吧。

然而，正如本书第四章所讨论的那样，在教育体制中给学生贴标签，会给他们的学习带来很多负面影响。这是一个值得我们深思的重要问题。

传播激情和干劲、对教育热心的博士生

斯坦福在线中学在在线小组讨论课堂中，有来自世界各地的才华横溢的孩子。那么大家一定很好奇，在线课堂授课的教师是怎样的一群人呢？

斯坦福在线中学的使命，是创建一个"师生间充满智慧与激情的全球性社区"。

仅有逻辑性的语言，并不能点燃学生对事物的热情，或者让他们对知识产生浓厚的兴趣。

为他们准备高质量的教学计划是至关重要的。学生通过体验知识的意义，学习的热情就会随之高涨。但仅凭这一点还远远不够。

受周围环境"感染"，激情才会传递。我们能否通过与身边各种充满激情的人互动，营造出一个让学生之间相互感染并传递激情的学习环境呢？我们将来自世界各地的热情洋溢、天赋异禀的学生聚集在一起，积极促进学生之间相互激励并互相感染，一定可以创造出一片有明确学习动机的"用激情感染激情"的沃土。其中，教师作为"感染反应"的催化剂就显得格外重要。

斯坦福在线中学欢迎那些对教育抱有热情的学者作为学校的教

师。他们中 70% 的人是拥有博士学位的各个领域的专家，其中许多人都有在大学任教或研究学习的经历。例如我自己，就在斯坦福大学教授逻辑学并做相关的研究。学校聚集了一批来自麻省理工学院、哈佛大学等世界著名大学的具有博士学位的教师。

斯坦福在线中学的特色之一是开设相当于大学水平的高级课程。因此，自然会选择延请那些具有"学者风范"的教师。

然而，学校需要有"学者风范"教师的最重要原因，是让他们成为学习的"激情的感染者"。

首先要考虑的是，你在麻省理工学院获得数学博士学位后，为什么会选择去一所中学从事教学和研究工作呢？

你完全可以成为一名工程师，就职于某家著名的 IT 公司。这样你的薪水很可能比中学教师高好几倍。

很多人之所以仍然选择从事研究和教育工作，是因为他们对自己的专业领域有着强烈的热爱。虽然赚钱也很重要，但未必适合自己的志趣。他们一心希望能够在自己感兴趣的领域里自由自在地思考并做出一番事业。或许在世俗眼光看来，这种人有点笨拙，不够机灵，只适合在学校教书。

而从这些教师身上，学生能够感受到那种全心致力于自己专业领域的热情和纯粹的学者风范，这对每个孩子来说，无疑是一笔巨大的财富。

　　另外，对这些教师来说最难的是，虽然自己对学习无比热情，但并不等同于热衷教学，更不一定擅长教学，那完全是两码事。

　　很多骄傲的学者往往会将学生定位为"对手"或"同事"，他们不教任何东西，常常把"我们一起切磋学习吧"这样的话挂在嘴边。他们还常常认为，"中学生已经不是小孩子了，根本不用手把手地教，自己自学吧！"而我们要利用网络的独特优势，选拔出既有"学者风范"又擅长教学的教师。

　　传统学校只能在所在地周边地区选拔教师，可供选择的教师毕竟有限。而在线学校却不存在这种地理限制，我们完全可以在美国的任何地方聘请教师。

　　换句话说，在线教育，通过我们的在线中学，让那些对知识抱有极大热情的学生和教师结成全球性社区，成为一种可能实现的愿望。

　　我们创办在线学校的目的，并不是成为学生可以随时随地访问互联网的教学材料。而是要从世界各地招募学生和教师中的优秀人才，并对他们进行适当的匹配。斯坦福在线中学的使命，是将人与人直接联系在一起，建立一个关系密切的知识社区。

创建充满活力的在线学校社区的秘诀

然而，仅仅通过互联网将互相传递激情的学生和教师紧密地联系在一起，也不可能建立一个活跃的学校社区。通过网络创建一个真正的学校社区并非易事。

比如，在传统学校里，学生可以在课间与同学一起玩耍、与同学在走廊里站着闲聊等，在线学校则无法实现这些活动。而且，俱乐部或学生会等课外活动也与传统学校面对面的课外活动完全不同。

传统学校的设计理念，是有效利用人与人共享同一个物理空间这样的有利条件。同学间的友情也许就诞生于走廊里的一次闲聊中，或者也许就在一次旁观班级活动时，突然发现一个可以跟同学一起投入的项目。

而在线学校环境就无法产生这种"面对面的力场"。针对这种情况，我们采取了一种新策略，充分利用小班制小组讨论课堂，把它作为学校社区的基础，鼓励学生积极参与互动。

斯坦福在线中学的课程，旨在设计一个供大家一起注入激情的空间，学生之间可以在这样的空间里分享相同的兴趣爱好和学习需求，在课堂上自然而然地诞生相互的有机联系。

传统学校通过俱乐部活动和学校集体活动帮助学生建立丰富的人际关系，从而创立良好的学习环境和社区，并将这种关系用于课堂，促进学生更有效地学习。

然而，斯坦福在线中学的方法与这种思维方式完全相反，我们是以课堂为基点，以此创建出学校社区。

的确，只靠上课的时间不能给学生创造出充分的交流机会。因为是在线学习，所以往往更容易专注于教学材料和课堂实际的教学效果，其实，有意识地利用课堂以外的活动对提升学习效果至关重要。学生在课堂上花费的时间，只是整体学习时间的一小部分。重要的是利用课堂以外的时间进行有意义的学习活动（如小组学习、项目策划等），把学生紧密地联系在一起。为了创建这样的环境，我们灵活运用聊天工具创建了一个沟通系统，使学生即使在课堂外也可以轻而易举地互相联络。每个课堂小组都有自己的聊天群。

以课堂为单位的聊天群效果显著，不仅可以用来讨论上课的主题，进一步巩固学习内容，还可以用来协商以攻克小组课题。

当然，即使学校没有创建这样的聊天群，学生也可以自己使用

SNS 等聊天工具互相联络。但事实上，在网络环境下，如果学校不创建这样的聊天群，任由学生自发组织，学生之间是很难建立起积极的互动和联系的。

因此，当无法建立传统学校那种面对面的环境时，在线学校更应该下功夫设计这种学生之间的小组沟通空间。让我一直引以为傲的是，因为有意识地培养这样的社区，斯坦福在线中学的学生彼此之间建立起了坚不可摧的同伴精神。

"在线学校学生会被孤立吗？能交到朋友吗？"这些疑虑和担忧大可不必，现在学生们一致认为，来到这所学校后，他们终于找到了人生真正的知识伙伴，真正的良师益友。

在他们以往的学校里，有的孩子根本找不到可以在更深层次上分享自己兴趣和爱好的人。通过斯坦福在线中学充满活力的课堂社区，他们终于遇到了在真正意义上能一起分享求知欲的好朋友。

全球性思维的学习环境

斯坦福在线中学社区最具特色的优势在于全球性思维的学习环境。

每年，来自世界各地及美国大多数州的学生汇聚斯坦福在线中学。他们通过共同学习的伙伴，直接接触到不同的文化和价值观，培养了他们的全球性视角和跨文化沟通所必需的能力。

一般只有就读国际学校或寄宿学校，才能看到来自世界各地的学生，但斯坦福在线中学的学生足不出户就能享受到这种全球性的学习体验。

学生在不同的地点一起参与学校的集体活动，由此创造出这种独一无二的交流和学习的机会。

在全球性教室的大环境中，学生可以在网上分享自己不同的体验，从而获取更深刻的感受及多视角看待事物的机会。此外，由于参加日常课程的每个学生身处不同的地点，即使不讨论世界新闻，他们也会一直有意识地带着全球性视角看待问题。

学生在课堂上的发言和平时的闲聊中，自然而然地会分享所在地区和文化的事情，所以他们始终能意识到，彼此居住的国家和地区是不同的。

学生深切地体会到，来自不同国家和不同文化的人，思维方式也会不同，所以他们会自然而然地养成习惯，以多种价值观和思维方式并存为前提去思考问题。由此，全球性思维教室诞生了。

在线教育在学生指导上投入的资源是传统学校的 3 倍

虽然我们建立了活跃的学校社区，但是学生也需要时间去慢慢地适应环境。

因为许多学生习惯于传统课堂上的面对面课程，因此刚开始在线上课时经常会感到孤独。在教职员工方面，则因为身处网络环境，很难把控学生的课外活动。这些都是现实存在的难题。

此外，学生为了顺利适应全新的环境，必须掌握各种各样的技能，比如学生在家中上网学习，与以往去学校相比，学生要更有意识地管理好自己的日常安排等。

另外，学生正处于青春期，注意对他们心理的呵护也非常重要。

换句话说，因为是在线课程，比传统学校更需要加大对学生的课外指导和帮助。否则就不可能在网上建立一所真正意义上的学校。

在美国，很多学校都设有指导学生的咨询机构。其职员专门负责疏导学生的心理问题、帮助他们掌握学习技能、给予他们就业指导等。按一名学生配一名辅导员的标准，保证课外能为学生提供全方位的帮助。

　　而斯坦福在线中学是每位学生配有 3 名辅导员，一名负责心理辅导，一名负责帮助学生制订或调整学习计划及技能培训，还有一名负责高考指导（升学指导顾问）。这样就能保证让更多的职员对学生的实际问题提供多方位丰富的指导和帮助。网络环境下，学生指导顾问体系对于支撑教师和学生社区的作用，显得尤为关键。

日美两国高考的区别

　　学生在学校提供的全方位指导的支持下，能更好地平衡学习和课外活动。

　　学校的咨询机构很重要，直接关系学生的高考升学。上面提到过，学校设有专门指导学生高考的升学指导顾问。美国的升学指导顾问和日本的升学指导大不相同。为了说明这一点，让我们先来对比一下美国和日本的高考制度。

　　首先，日本的大学入学考试是学生为了顺利考进理想的大学，采取"自我营销"式的方法。

　　如果学生在考试中取得了好成绩，或者在高中和初中时成绩优秀，那么可供自己选择的大学就会很多。考试成绩出来后，学生就可以向自己最青睐的大学进行"自我推荐"。换句话说，日本学生是靠营销自己来争取入学机会。

　　而在美国，每所高中都必须将自己的学生"推销"给大学。

　　美国的大学考试，主要以文件审查为核心，并不完全偏重于成绩和高考分数。

　　在文件审查中，不仅综合评估高中成绩和统考成绩，还会综合评估小论文、课外活动、申请动机及推荐信等多种材料。

　　换句话说，美国学生不是只要成绩好、考试分数高就能进入好大学，而是还要看他能为大学和社会做出什么样的贡献？是否符合大学的特色和文化？未来的成长空间有多大？

　　学生必须向大学很好地展示自己的个性和过往的活动。所以，升学指导顾问的主要职责之一，就是对学生进行这方面的支持和帮助，将学生推销给合适的大学。

　　另外，在没有入学考试、以书面文件审查为主的大学选拔中，其中一个最重要的信息，就是学生从小到大所读的学校履历。也就是说，如果学校自身的教育质量不过硬，即使学生的成绩全部都是5分，意义也不大。

　　所以，美国的高中都很清楚这一点，也将学校最大的资源都投入在了这方面，以深化大学对本校的好印象——"我们学校很棒，我们优秀的学生都很想进你们的大学"。

升学指导顾问除了向大学推荐每个学生之外，他们还会顺便夸一夸自己的学校，这也是他们的重要工作之一。美国大学入学的特点不像日本那样，只要考试分数高，仅靠学生"自我推荐"就可以得到满意的结果。

考入哈佛大学或斯坦福大学必须做的事情

作为一名美国中学的校长，我经常被人询问，如何才能顺利考入美国大学名校。

我的答案一直都是，要有靠谱的升学指导顾问。

日本的现状是，升学指导属于教师的分内工作。对于重视考试分数和学习成绩的日本大学入学来说，有这样的帮助就够用了。

然而，如果想要成为美国中学名校的"精英"升学指导顾问，必须获得教育学博士学位，并拥有在大学招生办公室工作过的职业经验。

有这样经历的升学指导顾问，自然对大学会如何评估学生了如指掌，从而能有效地为学生和学校提供指导。因此，成功考进美国大学的关键在于，中学除了让学生专心备考英语等科目之外，一定要充分完善学校的升学指导顾问机制。

斯坦福在线中学从建校之初，就开始下大功夫完善学校的升学指导顾问体系。由于大学对在线教育一直持有怀疑态度，所以升学指导顾问们在初期为了赢得大学的信任和认可，可谓煞费苦心。

经过一番努力，随着我们学校优秀的毕业生们成功考入各所大学，并不断取得累累硕果后，越来越多的大学对我们的教育体制给予了理解和认可。

来自世界各地的优秀学生和具备"学者风范"的教师们，在"翻转课堂"的小组讨论中互相感染并传递学习激情，共同搭建了一间全球化的教室，一个为学生提供极大支援的学校社区。

斯坦福在线中学是世界上第一所通过网络建立起真正学校社区的学校。

那么，学生在这个网络空间学到了什么？

在下一章中，我将向大家公开介绍世界首屈一指的名校——斯坦福大学所创建的在线中学教育体系。

第三章 ——

如何培养孩子的生存力

斯坦福在线中学的使命，是创建一个"师生间充满智慧与激情的全球性社区"。学生通过积极参与小组讨论型课程，遵守严格的教学计划，从中获得分析推理能力、创造性思维能力，以及批判性思维能力。

学校在课堂之外开展了丰富、活跃的课外活动，帮助学生和教师建立一种持久的关系，全方位营造给予学生支持和帮助的氛围，培养学生的独立性、强烈的个性及终身成长的探索精神。

以上就是对斯坦福在线中学办学宗旨前半部分"使命"的说明。关于"社区"和"小组讨论"，学生的"独立性"和"个性"等，都在之前各章中有所介绍，并在学校基于"自主学习设计"进行教育改革，以及社区的重要性等办学理念中做了明确的阐述。

下面继续为大家介绍斯坦福在线中学的办学宗旨。常年来作为"世界唯一的一所在线中学"，学校一贯倡导的办学精神包括：

- 在校师生是我校主要的力量源泉；
- 一所专为勇于探索新知、踊跃参与课外活动的天才少年创办

的学校;

- 一所由专业领域中脱颖而出、热衷于在线教育的优秀教师汇聚一堂的学校;

- 我校作为斯坦福大学的一部分,在师生和斯坦福大学的相互作用下,走在探索学习方式的最前沿,并成为世界独一无二的在线中学。

在之前的几章中,着重针对学校前两点的基本指导精神,从学生和教师两方面进行了剖析。本章将专注介绍最后一项,"我校作为斯坦福大学的一部分,走在探索学习方式的最前沿"。

身具斯坦福大学的先天优势,我校究竟想实现什么样的教育规划呢?

成为文理学院和 STEM 教育的最佳组合

斯坦福大学将思考如何引领创新变革以解决社会重大问题作为创办大学精神的重要组成部分 [27]。

斯坦福大学设立了 18 个研究机构,可以进行多学科跨领域研究,例如开展如何将寿命、脑科学、医学的基础研究进行应用转化的研究，同时开展相关经济政策、国际关系、行为科学等领域的研究，还专门设立了支持从理科到文科跨领域的研究机构。

如果仅仅停留在一个领域，容易受到该领域特有观点的局限。通过引入其他领域的观点，则更容易创造新的突破。

因此，跨领域研究和多学科融合已成为斯坦福大学创新的原动力之一。

斯坦福在线中学传承了这种精神，并为跨学科学习创造了各种各样的机会。

例如，正如我们在后几章将详细讨论的那样，哲学必修课程是一门基于哲学的课程，但它同时也是一门跨学科的课程，涉及法律、政治学等多个不同的领域。

再比如，生物学博士和文学博士教授有关性别的知识时，"生理性别"（sex）和"社会性别"（gender）的内容也不同。他们会分别指出，从生物学角度看，"性别"是什么；而从人文学角度看，生理性别和社会性别的概念又是什么。教师还会结合社会科学等观点，与学生一起探讨当代社会的一些重要话题。

除此之外，学校还增设了理工科目，进一步充实 STEM 计划。

STEM 是 Science（科学）、Technology（科技）、Engineering（工

程学）和 Mathematics（数学）这四门学科首字母的缩写，指的是将这四门学科融合在一起的综合学习。学校通过生物、化学、物理等各个科目的学习，为学生提供综合运用多科目知识的机会，以热和能量为切入点，开发出探讨多种科学主题的课程，发展并完善了环境科学等跨学科的教学课程。

在数学教学方面，结合经济学、统计学甚至计算机科学等多个领域，设计出各种跨领域知识和项目的课程。

由此，就像之前提到的那样，在《新闻周刊》美国 STEM 计划排名中，斯坦福在线中学取得了排名第三的好成绩。

作为一所在线学校，既没有实验室，也没有实地考察，获此殊荣恐怕算是一个奇迹。

学校上下对取得这样的成绩自然备感自豪，教师在与在线中学的学生家长交谈时经常会提及这个话题。有类似谈话时，我也会常常提起这一成就。

中学没有诸如"人文学科"（Humanities）之类的学科排行榜，这不免令人感到遗憾。与 STEM 课程相比，当今人文学科备受忽视。

　　斯坦福在线中学因为 STEM 学科表现深获好评，但实际上，我们学校真正引以为豪的强项是"人文学科"。

　　在美国乃至全世界的中学中，如果有"人文学科"排名，毫无疑问，斯坦福在线中学也一定名列前茅。

　　我们学校把擅长的"人文学科"课程与 STEM 课程有机地结合在一起，培养出不拘泥于某个单一领域的、未来能改变社会规则的科学家和人文学者。

　　这就是斯坦福在线中学教学的优势所在。

　　学校设置的高级课程，将人文学科和自然学科跨领域有机融合，促使学生积极主动地通过"自主学习设计"实现成长。

　　事实上，融通文理的宗旨一直占据着斯坦福在线中学教育理念的核心位置。

用哲学培养改变规则的人才

　　把哲学课作为每名学生的基础必修课，一直是斯坦福在线中学课程体系的重中之重。

我们要求，斯坦福在线中学的学生，在高中各年级中，必须完成全年的哲学课程。

强制学生在初中和高中必修哲学，这在中学教育阶段是非常少见的，因此我们的要求一出便立刻引起了全美国的关注。

但是以国际课程为代表，将哲学设定为初中和高中的核心课程，这种独特的教学体系也不是完全没有先例的。

和日本一样，在美国，学生一般也是在进入大学之后才真正开始系统地学习哲学。

事实上，斯坦福在线中学把哲学作为中学生必修的基础课，是这个项目一开始吸引我的主要原因。

不过，除了这样设计课程比较罕见，主要还是因为我自己一直笃信，学生有必要在中学阶段就好好学习哲学。

学生从中学阶段开始，通过不同学科课程开始接触各个领域的知识。但任何知识都有构成的前提，需要世界观和认知框架，否则就无法有效地理解与转化，形成相应的理论和洞见。

学生通过相应的学科获得各个领域的专业知识，经由旧有的世界观和认知框架，固定存储在大脑中，最终成为他们自己世界观和思维方式的一部分。

换句话说，学生越是不断地学习并获得专业知识，就越容易受自己固有价值观和认知框架的禁锢。

但是，由于技术创新和全球化的影响，社会结构和共识正在迅速地发生着变化，学生应该有能力从自己的认知框架中解脱出来，理解并包容其他的价值观。

哲学的核心在于重新看待和反思事物的本质和前提条件。

学生通过系统地学习哲学，从当前看待事物的角度和思考框架中解放出来，才能在社会的日益变化中探索并形成坚定不移的自我价值观。

学生是从中学阶段开始更深层次的学习的，因此更有必要培养他们拥有柔软、灵活的"哲学力"，让学生将来能在自己所在的领域表现优秀。换句话说，让他们在现有的社会浪潮中，成为一个游刃有余、乘风破浪的时代弄潮儿，这一点至关重要。

在不可预测、快速变化的当今社会下，"生存力"的关键在于能接受新规则的适应力和创造新规则的变革力。斯坦福在线中学把哲学设为必修课，真正做到了回归事物的前提和价值观的根本，培养学生养成超越现有思维惯式的习惯。

全美国罕见的哲学必修课程

下面重点介绍一下斯坦福在线中学哲学必修课的内容。

首先，斯坦福在线中学高中第一年即 9 年级（相当于中国国内初三）的哲学必修课是在学习统计学和生物学的同时，学习哲学科学方法论的跨领域课程。

统计学涵盖了可以应用于科学的现代统计学基础，如相关性、回归、概率分布等内容。生物学以野外生物学和遗传因子学为中心。

科学发现、假设和证明是怎样的一个过程？科学理论是否与数据一致？证明科学理论的意义何在？

学生通过实验和实地考察，体会各种验证科学理论的方法。

10 年级（相当于中国国内高一）的哲学必修课以科学史和科学哲学为主题，涉及物理、化学、数学、计算机科学等广泛的科学领域，精心挑选科学史上的重要事件，进行深入细致的研究。下面为大家列举几个学生实际学习的案例。

- 从古希腊就开始有学说认为地球是圆的。可是，基于什么样的观察、理论和讨论而得出的这种学说呢？

- 化学元素周期表是德米特里·伊凡诺维奇·门捷列夫
  （Dmitrij Ivanovich Mendelejev）发明的吗？其实历史上有
  好几位科学家都设计发表过化学元素周期表，可是为什么获
  得大家一致好评的只有门捷列夫呢？
- 万有引力定律 $F = GMm/r^2$，是如何推算出来的？比起观察
  从树上掉下来的苹果，牛顿更喜欢研究的是星空。他如何考
  量科学数据的误差、近似和建模？
- 光是以波的形式存在吗？迈克尔逊－莫雷实验（Michelson-
  Morley Experiment）的所谓"失败"，正说明相对论和其他
  等价理论是同时并存的。

如果科学假设遭到反驳，对于其他众说纷纭的科学理论，又如
何证明它们是正确的呢？什么是科学思维和科学判断？哪些社会因
素会影响科学发展进程呢？

11 年级（相当于中国国内高二）的哲学课程则远离了科学范畴，
是哲学和政治理论的基础课程，主要学习民主、自由、法治等概念。

民主是什么？自由与法治有何关联？社会和公民身份的形成有
着怎样的概念背景？

让学生广泛接触历史上主要政治哲学家和思想家，如霍布斯、洛克、卢梭、孟德斯鸠、伯克、托克维尔、杜威、穆勒、约翰·罗尔斯、桑德尔等人所著的文献。

另外，还会让学生解读真实的宪法诉讼判决书、政治家的演讲等。课程的目的主要是让学生去感受现代社会的结构和活动到底建立在怎样的哲学背景上。

12 年级（相当于中国国内高三）的学生则开始直接面对哲学问题。为了让他们具备批判性思维，教师会让他们熟悉如认识论、形而上学、伦理学等哲学的中心话题，并阅读相关文献。广泛阅读从古希腊开始到中世纪、近代直至现代哲学家的文献，12 年级的学生会学习大量的大学哲学入门课程，在这一学年会接触五花八门的哲学问题。

正如之前提到的那样，很多学生是被斯坦福在线中学里的美国顶级 STEM 课程吸引来的。

这些学生在学习高等科学和数学的同时还在学习哲学，经常有些学生本来喜欢的科目是 STEM，后来变成喜欢哲学。

  针对这种现象，我们有时会对家长说："如果你们的孩子喜欢的科目从 STEM 最后变成哲学，并立志成为一名哲学家，那么我们会深感抱歉。"因为从收入和就业角度来说，哲学很难立足。我能体会到父母的心情，希望孩子攻读 STEM 学科，最终进入就业前景较好的行业，比如成为工程师或软件程序员等。

健康课：培养内心强大、心理健康的孩子

  斯坦福在线中学注重培养学生的"生存力"，"健康计划"是学校另一个亮点。

  "健康"（wellness）是把两个单词组合在一起形成的一个概念：well-being 意思是良好的状态，而 fitness 则指身体强壮。

  美国健康机构对"健康"的定义是，人类在精神、身体、社交、智力、情感、职业等各个层面都处于良好的状态[28]。

  即使身体健康，也可能对以后的人生感到焦虑不安；即使人际关系良好，也可能深陷疾病的折磨；即使身体健康、朋友如云，也可能正面临失业并穷困潦倒。我们是否满足真正意义上的"健康"标准，除了身心状态，还涉及对人类来说比较重要的其他方面。目

前，"健康"已成为一个美国备受瞩目的概念，并被广泛运用于医疗机构、学校、商场等场景。斯坦福大学从 21 世纪头十年后期开始导入实施健康计划。计划定名为"健康促进计划"，学校许多教职员工都参与了这个计划。我自己也是这个计划的受益者。这个计划的主要内容如下。

1. 自我评估。通过回答有关健康、精神层面和生活方式方面的问题，评估自己的健康状况。完成后可获得斯坦福健身课程的优惠折扣。

2. 建立健康档案。通过健康检查和健康教练的心理咨询，详细了解自己的情况，并制订健康目标和计划。完成后将获得 200 美元。

3. 健康活动。持续执行自己的健康计划。参加健康研讨会、健身课程，与办公室同事合作开展健康活动。完成后能得到 260 美元。

4. "浆果计划"。完成一项健康计划后，可以获得一枚"浆果"。每集齐 6 个"浆果"将获得 100 美元。

你一定注意到了一个细节——对！每完成一步都会得到金钱奖励。

这项制度的目的在于提高员工参与健康计划的积极性。员工健康幸福地生活，可以有效减少离职，提高职场效率。

　　而且，这项制度也与美国健康保险的现状有关。和日本的全民统一健康保险不同，在美国，每个人只能分别选择适合自己的健康保险。

　　美国公司的福利待遇会覆盖员工的健康保险。员工如果生病，公司支付的保险费也会上涨，这对公司来说无疑是很大的负担。

　　换句话说，我们学校设置这些奖励虽然看起来是增加了学校的开支，但是员工身心健康，学校支付的保险费就少，反而减少了开支。

　　抛开金钱激励不谈，"健康"理念已经广泛渗透到公司和教育领域。

　　近年来，美国未成年人患抑郁症的人数日益增加，自杀率也随之飙升。学生面临着更加严峻的社会现实，高考、人际关系、健康管理和压力等都让他们精神紧张。不仅是美国，其他发达国家也出现了类似的现象 [29]。

　　在这种情况下，斯坦福在线中学也开展了健康运动计划。这种尝试史无前例，特别是在线学校。

　　该计划的主要目标，是让学生获得有关健康的正确知识和技能，并养成良好的习惯。

首先，学生学完"健康"基础知识后，要定期与健康教练面谈。学生接受教练的帮助和建议的同时，主动思考自身健康的各项指标，包括人际关系、学习、情绪控制、体重控制等方面。

在此基础上，学生要制订目标和计划，培养自己所需的技能、锻炼身心、改善日常习惯等。

他们还要定期回顾自己的健康活动并做自我评估，养成良好的心理习惯，认真思考生活方式和态度后再付诸实践。

掌握健康知识，保持良好习惯，自主设计生活方式，这些技能就是现代社会必不可缺的生存力。

培养社会"生存力"：社会情感学习

为了培养学生的"生存力"，除了培养学生的"健康"意识外，社会情感学习（Social and Emotional Learning，SEL）也很重要。

社会情感学习，近年来已经成为美国教育的发展趋势之一。虽然直译为"社会情感学习"，其实是通过了解自己和对方的情感，来获得社交知识和培养社交技能的一种学习。

20 世纪 60 年代，美国耶鲁大学的一项教育举措，让 SEL 成了一种流行趋势。

当时耶鲁大学周边的学区，学生的父母大多都是低收入人群。学校导入了一个项目，指导学生养成正确的生活方式，并帮助他们建立良好的社会情感。

事实证明，这项举措很快就提升了学生的社交和情绪管理等相关能力，学生的出勤率明显上升，课内外辅导学生时容易发生的问题也骤然减少。

与此同时，学生的学习效果也大幅度提高。也就是说，学校支持和帮助学生提高他们的社交和情绪管理能力，可以直接提升他们的学习效果。

这项举措推动了 SEL 计划在全美国的迅速发展。随着有关 SEL 研究的进一步深化，一个新的机构诞生了，并在学校以各种各样的项目形式开展和实施，社会情感学习已成为一把无所不包的"保护伞"，囊括了性格教育、预防暴力、预防毒品、反校园暴力及加强学校纪律等项目内容。

SEL 计划是由一个国际性的学业、社会和情感学习合作组织（CASEL）正式确定并推广的[30]。

CASEL 为 SEL 计划提供了科学依据，并系统地将其导入学校的教育体系中。

CASEL 所倡导的 SEL 框架将 SEL 的能力定义为 5 个领域。

1. 理解自己的自我意识（self-awareness）。有充分的自信、乐观、相信自己的能力一定会越来越强的成长型思维，能准确地评估自己的优势和局限性。

2. 自我管理（self-management）。很好地管理压力，控制冲动，坚持设定并实现目标。

3. 理解他人的能力，也称社会意识（social awareness）。能从不同的背景和文化角度去理解、同情和关心他人，从彼此的差异中借鉴学习。

4. 人际关系技巧（relationship skill）。可以很好地与他人沟通并相互合作，不随波逐流，能建设性地解决矛盾和冲突，勇于寻求帮助并愿意提供帮助。

5. 负责任的决策（responsible decision-making）。基于道德准则和安全衡量，对自己的行为或与他人的互动做出建设性的判断。

以上就是 CASEL 的 5 大核心力量，也是斯坦福在线中学"生存力"教育的基础。

首先，学生要学习关于 SEL 课程的社交和情绪管理的相关知识和技能。从心理学和脑科学的角度了解人类社会行为和思想活动，获得与社交和情绪相关的知识。

其次，还要学习自我管控压力的技巧，养成反思并自我评估的习惯。

然而，无论怎样绞尽脑汁，社交能力和情绪管理的能力也不是唾手可得的。因此，学校不仅让学生通过 SEL 课程获得相关知识和技能，同时也会在日常的在线课程中不着痕迹地灌输 SEL 的理念。

例如，小组讨论课程中，经常需要在尊重他人意见的同时表达自己的意见，这正好提供机会让学生学会如何很好地解决冲突和矛盾。在自由研究项目中，通过学习如何与其他同学合作，帮助学生掌握制订目标和计划的能力。学校还会有意识地创造各种机会，让学生在日常的学校生活中能有效地应用 SEL 课程中学到的相关知识和技能。

就这样，斯坦福在线中学通过 SEL 课程和日常课程的双管齐下，让一所网络学校成功实施 SEL 计划变成一种可能。

斯坦福在线中学作为一所网络学校，SEL 教育大获成功，引起了包括全美国教育学会在内的方方面面的关注[31]。

"只要想做就一定能做到"的理念是成功的重要原因

刚才提到的 CASEL 5 大核心力量之一"理解自己的自我意识"中提到的成长型思维非常重要，在此我举例具体说明一下学校如何引导并帮助学生养成成长型思维模式。

斯坦福大学的教育学教授卡罗尔·德韦克让世人了解到"成长型思维"这个词汇。

成长型思维是一种思维模式，即坚信自己的知识和技能一定会增长。

比如，"今天我虽然没成功，但是通过努力一定能实现"，这就是成长型思维。

相反，"因为我能力有限，无论怎么努力也不可能做到"则被称为"固定型思维"。具有固定型思维的人认为自己的智商和能力是天生的，即使付出再多的努力也改变不了。

德韦克教授对思维模式的研究揭示了成长型思维与我们的内心和行为之间的关联，近年来许多教育学家和心理学家都热衷于这一研究。

　　最近的脑科学也证明，成长型思维有助于提高我们的知识和技能。我们的大脑很有柔性，即使成年后，通过适当的训练也可以掌握新知识和高难度的技能[32]。脑科学的大量研究表明，大脑具有可塑性。

　　即使现在没有能力做到的事情，通过练习也完全可以做到。大脑的柔性超乎你的想象。

　　德韦克教授和其他思维模式的研究人员证明，相信大脑的柔性，保持成长型思维，会对我们的思想和行为产生积极影响。

　　具有成长型思维的人勇于挑战新事物，能够在逆境中忍耐，善于从批评声和他人的成功中学习[33]。

　　以往对成长型思维的研究也揭示了它与学习效果之间的关系：成长型思维有助于提高学习成绩。例如，有一份对 12 500 名美国高中生进行的成长型思维训练的报告[34]。首先，让学生增加学习有关人脑柔性的脑科学研究结果。在此基础上，学生灵活运用所学到的脑科学知识，开展向其他同学解释说明、互相讨论等活动，在这个过程中，他们的成长型思维逐步内化于心。

　　以上述方式，整体训练的时间为 25 分钟，循环做两次，每次间隔一段时间。

　　实验结果表明，受过训练的学生比没有受过训练的学生在成绩上进步更快。特别是一组成绩较差的孩子，变化尤为明显。

此外，接受过成长型思维训练的学生不仅平均分提高，在之后的选修科目中他们也更倾向于挑战更难的科目。

如何培养成长型思维

就像上述实验中的训练那样，最新的思维研究推荐了几种让学生养成成长型思维模式的方法。

斯坦福在线中学将这些方法的本质融入学校的教学课程和课题中。

首先，学校积极宣传诸如大脑柔性的脑科学研究成果，让学生对成长型思维有直观的印象，避免他们陷入固定型思维模式之中。

其次，教师平时在一言一行中向学生展现自己的成长型思维。如果教师自己都是固定型思维，学生难免也会陷入同样的思维模式[35]。

另外，在平时的日常指导中，也会采取各种方式潜移默化地促进学生成长型思维的形成。

例如，让学生重新提交课题作业。学生提交作业后，教师会给出评价和反馈。学生认真思考教师的评价和反馈后重新提交改进后的作业。如果重新提交的作业评价更高，那么最终成绩将以重新提交的作业为准。

学校通过"重新提交"这种方式，激励学生有目的地"重新评估"自己的作业。

很多时候，学生根据教师的反馈和建议不断地改进自己的作业，最终得到更高的评分。

通过这样一个过程，学生不会陷入诸如"我就是一个评分为 B 级的学生"这样的固定型思维，而是不断地努力，养成"虽然现在评分是 B，只要不断攻克其中的不足，我一定能得到 A ！"这样就养成了成长型思维。

教师在努力培养学生成长型思维的同时，也要时刻注意不让学生备受打击而意志消沉。

特别要注意的是，往往教师和家长一个不经意的举动，很可能就会让孩子陷入固定型思维，摧毁孩子本应该有的才能。

在下一章中，我将介绍 8 个大家都应该知道的小技巧，帮助大家在不破坏孩子天赋的前提下，更好地培养孩子。

作为家长和教师，应该让孩子更好地绽放自己的潜能。接下来我为大家介绍科学研究最新得出的"天才培育法"。

第四章

有效提升孩子能力的∞个方法

出席美国全国天才儿童协会（National Association for Gifted Children，NAGC）的会议，是我每年固定参加的活动之一。

在 2019 年的那次会议上，NAGC 主席乔纳森·普吕克教授（Jonathan Plucker）谈到了有关天才的两个错误说法。

第一个错误说法是，"天才儿童不用管，长大后也会是天才"。

持这种观点的人认为，天赋优异的孩子身处任何环境下，都能自己自主地学习。因为是天才，所以根本不需要教。这不就是"天才论"吗？

然而，天才儿童如果缺乏适当的教育和支持，也是无法开花结果的。

就像那些身体素质超群的运动员，如果没有适当的训练和教练正确的指导，绝不可能成为一名优秀的运动员。

学习也是一样，为孩子提供与其资质和才能相匹配的学习环境和指导，是十分必要的。

第二个错误说法是，"天才儿童的成绩都很好"。

在大家眼中，"天才 = 成绩好"。因为他们是天才，所以学习速度比一般孩子快，成绩自然也更优异。这也是一种很普遍的"天才论"认识。

　　然而，天才儿童如果没有适当的指导和帮助，他们的才能很可能得不到发挥，在现实中，成绩也可能并不理想。

　　换句话说，孩子成绩不好，实际上意味着，他们并没有得到与自身的资质和才能相匹配的学习指导。

　　迄今为止，天才教育的研究结果清楚地表明，孩子的才华多种多样，普通的公共教育并不能满足这些天才儿童的需求。

　　特别是那些有特殊才能的孩子，他们往往在成长的早期阶段就能灵活思考，具备跳出事物框架进行超越性思维的能力。

　　然而不幸的是，在现实中，这些孩子与众不同的言行举动，往往与公共教育的要求格格不入，很容易受到排挤和冷落。

　　在这种情况下，这些天才儿童往往大受打击，不再愿意积极主动地学习，成绩一步步恶化，陷入缺乏学习动机的恶性循环中。

　　那么，如何在早期阶段就能察觉到孩子的才能，并为他们提供适当的学习环境呢？

　　纵使一出生就是天才胚子，以后也未必是天才。所以，非常有必要为这些孩子提供适当的指导和温暖的呵护，让他们充分激活和施展才华。

因此，本章将为大家介绍如何让天才儿童能力提升的指导方法。

下面介绍的 8 个有效的方法，不仅纠正了以往教育中存在的常识性错误，还有助于大家更积极、活跃地指导孩子，更有效地提升孩子的才智。

方法 1　是学育而不只是教育：将焦点转移到孩子身上

首先，提升孩子的才能，最关键的是将注意力转移到"学育"上。

"学育"这一概念，是我一直倡导的一种理念，与传统的"教育"形成鲜明对比。"教育"往往更倾向于教师教学的角度。

所谓教育，指的是教师"教导和培养"学生。为了教好学生，教师应该做的是什么呢？上课的内容是否合适？学校课程和讲课方法是否有效？

很明显，"教育"侧重于教的一方，教师、教材、教学方法。而学生只不过处于"被教"的被动状态。

但是，"教育"的最终目的既不是教师教得好，也不是教材编得好，而应该是学生更愿意积极主动地学习。

即使是最优秀的教师用最好的教材做最好的备课，如果学生不愿意学，也是徒劳无益的。

我们要做的，只不过是帮助孩子提升他们与生俱来的学习能力——仅此而已，就这么简单。

所以，让我们把偏向"教育"的目光转移到学习一方的孩子身上来吧！

这里我所提倡的"学育"，指的是从孩子学习和成长的角度出发，为他们提供最佳的学习条件。"学育"以学习主体——孩子为中心，探求最适合他们的学习条件。

即使是被交口称赞的教学方法，如果不适合孩子，也没有任何意义。不能强迫孩子去适应教学方法。

大家关注的不应该是某种教学方法或某部教材的评价有多高。

因为，教学方法和教材取得好评，只不过说明它们对有些孩子产生了效果。换句话说，这些方法和教材对有些孩子并不一定适合。

要记住，**我们努力寻找的，应该是适合学生的学习环境，而不是评价高的教学方法和教材。**

□ "学育"和"教育"的最佳组合

估计看到这里，有人会觉得费解，一头雾水。

既然提倡"学育"，为孩子的学习和成长提供支持和帮助，是不是意味着我们不应该教育孩子呢？遵循人类学习的本性，是不是就让孩子无拘无束、放任自由？ 当然不是。

其实，大家现在有这样的疑问和反对意见也很正常。

"学育"绝不是否认教学的必要性。只不过是把关注的焦点从容易偏向教学一方的"教育"，聚焦到学习一方的孩子身上，呼吁大家积极地重新探讨既有的教育方法和学习方法——无论是老方法，还是新方法。对于那些至今仍然实行的传统教育方法，我们也必须继续加以探讨。就像序章里提到的那样，手把手式的教学是不可取的，但完全不教也不切实际。相反，教学存在的前提，是为了给孩子的学习提供帮助，但过度教学本身存在的风险，我们也要多加注意。

换句话说，偏向教学方面的"教育"和强调学习主体的"学育"应该是互补的。没有教哪来的学，不考虑学也教不好。因此，学校和教育工作者必须探索如何让"教育"和"学育"两种理念更好地合二为一。充分考量学校的目的和经济资源，以及每个孩子的学习轨迹和当前的动机。任何一种有效的"教""学"组合都不可能做到适应所有的学校和学生，万能的教育方法和学习方法根本不存在。

我们希望达到的理想状态是，不要只依赖于某个单一的教育方法或学习指导方法，应该仔细观察作为学习主体的学生的动态变化和成长，在反复试错中探索如何为优化他们的学习条件提供最好的帮助。

因此，偏向教学的近现代教育正迎来历史性的转折期。

当今的教育趋势正加速转向孩子的自主学习，教育解决方案越来越偏向"学育"，力求每个学校和每个人独特的最佳匹配，并且这种势头在未来还会延续下去。

我们首先要做的第一步，就是有意识地从学育角度出发，帮助孩子扩展能力。

方法 2 谨防"刻板印象威胁"

除了更好地为孩子的自主学习提供帮助以外，我们还要注意，不要把刻板印象的观念强加在孩子身上，就像不应该把所谓最优秀的教学方法和教材强加给所有孩子一样。"你是文科脑，所以数学不行啊""她从小语文就很好，因为是女孩子嘛""跟你爸爸一样聪明，肯定善于学习""你因为复读了一年，比同届孩子普遍大一岁，记忆力不如他们也很正常，所以你要加倍努力啊"。这些不经意的言语很可能误导孩子，给他们贴上决定性的标签。

以斯坦福大学心理学教授克劳德·M. 斯蒂尔（Claude M. Steele）的实验为起点，对"刻板印象威胁"（stereotype threat）现象方面的研究得到了进一步的广泛发展。

"刻板印象"指的是大众以社会中的种族、性别、年龄等属性，对某个人或事物进行的一种笼统且固定的评价。

比如，这个人种比那个人种的身体素质高；男生比女生更擅长理科；老年人记忆力差；等等。

尽管持续的科学研究证明，无论是消极还是积极的结论，种族、性别等之间并没有什么相关性，但是社会中仍然存在着许多"刻板印象"。"刻板印象威胁"是一种现象，当我们背负负面的刻板印象时，会受到相应的负面影响。

例如，斯蒂尔教授等人的实验表明，当学生的心中存在智力方面的负面刻板印象时，他们的成绩也会随之下降。

在美国社会中，一直存在"非洲裔美国人智力低下"这种负面刻板印象。

在斯蒂尔教授等人的实验中，非洲裔美国学生被分成两组，并接受了相同的测试。

测试之前，第 1 组被告知"现在开始智力测试"，第 2 组被告知"只是为了做实验，回答一些简单的问题"。

实际测试的结果是，被告知"智力测试"的第 1 组的成绩，比被告知"做实验，回答问题"的第 2 组低了 30% 以上 [36]。

也就是说，如果被试在固有的"智力较差"的负面刻板印象条件下进行测试，成绩果然就会降低。

换句话说，人容易受到来自负面刻板印象的消极影响。

除此之外，到目前为止的研究表明，事实上确实存在着各种各样的刻板印象威胁，比如因为"女性不适合学理科"这种刻板印象的威胁，当女性带着这种下意识的想法去参加数学测试时，成绩会比完全没有意识的情况下低很多 [37]。

□ 切忌贴标签的理由

在为孩子提供帮助时，脑海中先要有"刻板印象威胁"这种意识，事实证明这种现象或类似的现象很可能会出现。

如果你单方面地强加给孩子某个标签，孩子很可能会因为过分在意这个标签，在表现和思维方式上受到不利影响。

所以，如果意识到之前所称"你是文科脑，所以数学不行啊"是一种"刻板印象威胁"，就尽可能不要再重复强化了。

我们自己武断地认定孩子是学文科的料，而且让他们意识到"文科生数学都不太好"这样的负面刻板印象，就极可能真的导致他们数学成绩一落千丈。孩子一旦觉得自己只能是文科生，理所当然地对数学不开窍，可能真的就会变成对数学再也不感兴趣。

同样，前面提到的"你因为复读了一年，比同届孩子普遍大一岁，记忆力不如他们也很正常，所以你要加倍努力啊"也一样，把"复读"和"年龄"等负面的刻板印象强加给孩子，与"文科生学不好理科"等评价如出一辙，也不应该对孩子说类似的话。

此外，不仅是消极的刻板印象，对于那些积极的刻板印象，比如"她从小语文就很好，因为是女孩子嘛""跟你爸爸一样聪明，肯定善于学习"，这些虽然看起来是积极的，但也是以性别和血缘关系等与生俱来的属性贴上的标签。孩子很可能因为这些无法改变的标签而被寄予积极的期望，给他们造成不必要的压力。如果将来语文学不好，或者学习不好，他们该如何面对"自己是一个女孩子"，或者"自己是爸爸亲生的"这样的事实呢？"我是一个女孩子，语文却不好""我是爸爸的孩子，我爸爸那么聪明，可我为什么学习不好呢"，孩子为了符合自己这些"天生的"属性，只能带着巨大的压力去面对语文和学习，势必会产生对自己不利的影响。

所以，让我们铭记在心，那些貌似对孩子肯定、积极的刻板印象，也存在着不容忽视的危害性。

方法 3　培养孩子不怕犯错的能力

"学育"理念的基本思想，是在孩子犯错时也要积极地与他们沟通交流。

孩子犯了错误，如果使用负面的言语让其胆怯、裹足不前，会对孩子的学习态度产生不良的影响。我们应该多赞美孩子的学习态度，培养他们不怕犯错的能力。

犯错误是学习中必要的、有效的经验积累。

教孩子学会捕捉事物的正向信息，把错误看成帮助自己改进技能和提升能力的大好时机。

最新的脑科学研究明确显示，当孩子犯错误时，大脑会变得更加活跃，从而获得更好的学习效果[38]。

换句话说，如果孩子形成惧怕犯错误的心态，也就失去了这种有效的学习机会。

那么，具体应该怎么做呢？让我们先学习一下批评的正确方法吧。

"这么简单的问题你都不会？！真让人失望透顶！再做一遍！"大家或许经常会说出类似这种糟糕透顶的话吧。让我们重新思考一下这种责骂方式的坏处在哪里。

首先，千万不能表达批评一方的负面主观想法，例如"失望"这类的字眼。

孩子会认为，我这么努力地解这道题，可努力到最后的结果，却是让对我来说重要的人感到失望。如果让孩子有这样的感觉，会大大地降低他们学习的动力。

我们在赞美孩子的时候，要大胆地使用表达主观感受的词语，例如"太厉害了""真高兴"等。但在孩子犯错或学习评估未达标的时候，则要注意尽量避免表达我们主观的感受。

这时候最重要的是，我们应该从更客观的角度分析问题，孩子到底错在哪里？怎么错了？帮孩子理清头绪，调动他们的积极性，使他们愿意继续努力。

其次，千万不要扣上"这么简单的问题你都不会"这样的帽子。孩子会觉得，题目这么容易，我应该会做，可我为什么就是不会呢？孩子一旦这样想，必然就会讨厌和抗拒学习。

对于说这种话的人来说，一道题也许是简单的，但是对于孩子来说，判断一道题的难易度和学习材料的合适度，必须以孩子目前的学习进度和能力为出发点。

教材是否符合孩子目前的进度？如果不符合，一味责怪孩子没有达到教材要求的水平，反而会适得其反。

相反，我们应该重新评估一下当前的教材是否适合他们，认真考虑一下，具体采取什么样的指导，才能更快、更好地帮助孩子达到必要的水平。

如果不提出任何建议，只是催促孩子"再做一遍"，这种方法并不可取。

学习过程中的确需要反复练习，但如果仅仅要求孩子一次次重复根本无法做到的事情，不仅得不到你所期望的结果，而且孩子会因为做不到，而产生对学习的反感。

如果想让孩子再做一次的话，那就为了第二次挑战成功，先给他们合理的建议吧。指导孩子下一步该怎么做，然后鼓励他们再次挑战。当孩子犯错的时候，首先要有这样的意识：错误是他努力学习的过程中必然会发生的事情。应该先赞扬孩子，告诉他们挑战本身就是一件很了不起的事。表扬他们"尽管教材难度高，仍愿意勇敢地接受挑战，并有机会从错误中获得新的学习"诸如此类正向的话语，这才是对孩子学习最有效的支持。

□ 孩子出错时的沟通技巧

当孩子犯错时，我们该对他们说什么呢？以下是需要注意的几点。

- 告诉他们，犯错误恰好是最好的学习机会。
- 不要带着负面刻板印象去评价。
- 不表露出自己的负面主观性感受，而是客观地指出孩子在哪里出错了。

- 考虑题目是否适合孩子的学习进度。
- 让孩子再次挑战时，先给孩子提一些合理的建议。
- 称赞孩子为此挑战付出的努力。

参照以上的沟通技巧，把前文举例的那些训斥的话语，用"学育"的观点重新组织一下，应该是这样的："确实很难啊，但你还是尝试了好几遍，真了不起！这里应该是这样的，不能那样。注意我说的这些，尝试再做一遍如何？"

此外，有时孩子不是粗心算错了，而是根本不会做。这种情况下，让我们运用刚才总结的几点，重新思考一下该如何跟孩子进行沟通。

如果孩子真的不会做，要明白孩子是因为试着思考过才说不会的。所以，首先应该对孩子表示认可。

在认可的基础上，最重要的是，就问题的思考方式给孩子提出合理的建议，或者给出提示。

如果这时候孩子还是回答"我不会"，当然也可能他们只是想表明自己根本不想做。如果是这样，或许是当前的学习方法和条件并

不适合孩子的学习，那就要重新调整，找出最适合孩子的学习方法
和学习资料。

方法 4　让孩子做自己学习的掌舵手

我们应该积极地创造各种机会，让孩子积极主动地学习，赞扬
他们解决问题的态度，让他们不畏惧犯错。

让孩子放心大胆地表达自己的想法、自己决定时间表和计划、
做自己学习的掌舵手、仔细认真地思考问题。

如前所述，以传统的照本宣科式课堂为代表的学习环境，只会
让学生陷入被动学习的状态。

因此，理想的教育是有意识地让孩子有更多机会**主动表达、做
决定和独立思考**。

首先，我们应该创造更多机会，让孩子愿意表达他们的感受
和想法。如果只是我们单方面地长篇大论，孩子就不可避免地处于
被动状态。应该让孩子表达他们的想法，我们只需要做个很好的倾
听者。

在"积极倾听"的过程中，要记住，我们只是作为一名听众积

极地参与对话，重复和总结孩子的表达和提问，让孩子可以轻松自如地表达自己的想法 [39]。

在这个过程中，如果确实需要我们进一步说明的时候，请注意以下几个方面。

在解释每个要点之后，我们应该再重复并总结归纳一下所说的内容，并鼓励孩子针对内容提问，让他们有机会表达自己的理解和想法。

如果说明或解释的时间比较长，注意尽量不要让孩子成为被动的倾听者，而是应该尽量营造让他们能发言的机会，最理想的状态是让自己和孩子之间形成"积极对话"的模式。

也就是说，即使是在你说话的时候，也要尽量让孩子"积极主动地倾听"。

为此，让孩子提前做好"听完解释后发表意见"的准备，这样的倾听会更有效。告诉孩子"听完后，我会让你重复并总结""听完后，我会问你一个问题"，然后再开始解释或说明。这样，孩子可以有目的地听，更容易集中注意力。

读写时的沟通交流也一样。孩子读完一本书后，立刻让他们写一篇读后感太难了。我们应该针对每一章提出相关的问题和讨论的话题，尽可能多地提供让他们表达的机会，这样效果会更显著。

也可以将读写与口头沟通相结合，效果也非常好。

与孩子进行"积极对话"的时候，要创造机会，时不时地尝试让他们回答你提出的问题，或者试着让他们写出你所说的内容的摘要，这也是很好的方法。

在实际生活的沟通交流中，尝试交叉使用各种沟通方式，让孩子在其中选择最适合自己的方式。

孩子通过表达自己的想法和感受，可以锻炼自己的表达能力，从而更深入地了解自己，培养自己更积极的学习态度。

□ 创造环境，培养独立思考和独立决策的孩子

除了为孩子提供自我表达的机会之外，支持孩子"自己做决定"也至关重要。

让孩子积极参与创造自己的学习环境，提供更多的机会让他们自己设定学习目标和制订学习计划。

配合孩子的状况，让他们分阶段练习也很重要。首先，让他们

自己做出简单的选择，例如选择做哪道题或哪一页的题。然后再逐步提高难度，让他们自己设定学习目标并制订相应的学习计划。

稍后，我将介绍设定目标和自我评估的法则。

此外，在每个学习场景，都养成习惯，尽可能多地创造机会让孩子自己做一些比较小的决定，比如选择研究课题等，效果也很好。

让孩子根据课堂上教师布置的课题，自己决定专题研究的题材；让他们在回答你的提问之前，先从你提出的几个问题中自己选择，或者让他们选择做口头解释还是做书面说明。

让孩子养成习惯，学会在多个选项中做出自己的选择。

除此之外，多提供让他们用大脑仔细思考的机会。仔细思考学过的内容并提出新问题，进一步加深理解。总之，让孩子养成积极思考的习惯至关重要。

例如，让孩子讲讲当天学过的东西并提出问题，以此为契机，培养他们仔细思考的习惯。

- "比如是什么样的事情呢？"（思考具体的例子）
- "为什么会变成那样呢？"（探索理由、依据和前提）

- "反对的意见是什么呢？"（想象一下相反的立场）
- "相似的地方是哪里？""哪里不一样？"（寻找共同点或差异）
- "如果这样做，会怎么样呢？"（预测结论或后果）

提出这些问题，提供机会让孩子认真思考。此外，让孩子自己学会这样独立提问题。

当然，有时必须在一定的时间内完成课程安排，以应对升学考试等。这种情况下，只好把让孩子仔细思考的这个步骤延期进行。这种教育环境中，孩子可能始终只能采取被动的学习态度。

所以，尽可能地创造机会让孩子慢慢地花时间仔细思考，帮助孩子养成思考的能力。从长远来看，这样做行之有效，且意义深远。

所以，我们为孩子提供学习上的支持，最应该做的，就是帮助孩子养成自己主动提出问题并认真思考的学习习惯。

方法 5　让孩子尝试运用各种各样的学习方法

通过学习，孩子获得的不仅仅是与所学科目有关的知识和技能，在学习过程中他们还掌握了学习方法。

孩子通过接触各种各样的学习方法，掌握并熟练运用它们，这对扩展他们的才能也是至关重要的。

当今社会千变万化。孩子能够幸运接触到前所未有的课题和专题研究，我们期望他们因此能迅速地获得新知识和新技能。

有效学习自己所需内容的能力，以应对各种突发状况，这也是未来最核心的技能之一。

如果能掌握多种学习方法，并能够根据当前情况选择其中最合适的方法，就可以最大限度地利用自己的能力，完成手头被赋予的各种任务。

这样，**即使遇到困难，也能尝试改变方式，并勇于反复试错，灵活而柔性地解决问题。**

此外，脑科学已经证明，掌握多种学习方法对提高孩子的学习效率效果显著。

我们已经在序章中介绍过，对孩子来说，学习方法因人而异，没有哪种特定的学习方法对每个人都有很好的学习效果，所以最好采用多种方法进行学习。

比如，对"2 ＋ 3 ＝ 5"这样一个简单的数学算式，可以有很多种理解和记忆的方法。比如符号法，用"2""＋""3""＝""5"这几个符号去记；图解法，2 块图形和 3 块图形拼在一起成了 5 块图形；手指法，2 根手指再加上 3 根手指，一共是 5 根手指；大声数数法，把 2 个物体和 3 个物体放在一起，数一下是 5 个。同一道题有很多种解答方法，当使用不同的方法解题时，就会激活不同区域的大脑。

通过理解"2 + 3 = 5"这道题，激活大脑中不同的区域并强化它们之间的联系，从而优化学习效果 [40]。

此外，有许多研究通过分析一些伟人的大脑，发现他们大脑不同区域之间的连通性比普通人更强 [41]。

为此，应该培养孩子以多种方法和观点解决问题，使他们养成灵活的、创造性的思维方式。

此外，让孩子接触各种各样的学习方法，能够进一步发挥孩子学习的自主性。

当一种方法固定成为一种习惯的时候，孩子很可能自己并不能意识到这一点。让孩子通过学习其他不同的方法，给自己创造机会，有意识地重新审视自己已经习以为常的学习方法，一旦意识到还有许多其他的方法，他们会通过思考去选择适合自己的学习方法和环境，这有助于培养他们以适合自己的视角对待学习。孩子一旦自己意识到学习的必要性，我们就更要不遗余力地为他们提供全方位的支持和帮助，让他们全身心地投入到学习中去。

□ 如何掌握学习方法

那么，具体到底应该怎样为孩子提供支持和帮助呢？

首先，我建议提供机会让孩子有意识地回顾当前的学习方式。

比如，让他们试着用笔记录一些日常的具体学习方法，比如如何记笔记、如何阅读课本、如何复习、如何备考等。

这样就为孩子重新思考、审视他们的习惯提供了很好的机会。

在此基础上，如果孩子想对当前的学习方法做一些改进，我们一定要不遗余力地支持他们。

比如，对孩子自己考虑改进的方法给出建议，或者给他们介绍一些已经被证明行之有效的方法。

重要的是一定要把最终决定权交给孩子，而不是直接把具体的改进方案和方法强加给他们，这才是最理想的状态。

当然，在回顾、反思学习方法并反复试错、尝试改进的过程中，可能常常会找不到适合孩子的方法，或者不能立刻看到成效。

这时，我们要清楚，改变不是一朝一夕就能做到的，要有耐心，目光要放长远。重要的是让孩子真正地亲身体验，而后确定哪一种方法最适合他自己。

　　即使孩子感觉已经找到了适合自己的学习方法，我们也要鼓励他们去接触其他更多的方法。

　　有自己最喜欢的学习方法当然很重要，但只专注于这一种方法也非常危险。

　　因为孩子将来很可能需要在完全不同的环境中学习，或者受到时间限制，或者课题发生变化，这些变化可能导致他们无法使用自己所熟悉的方法。

　　所以，我们要事先了解各种不同的方法，一旦变化来临，随时能够为孩子推荐其他可能的方法。

　　即使孩子学习进展顺利，我们也要告诉孩子抓住机会进一步改进，更充分地发挥自己的潜能去争取更好的结果。

方法 6　"目标设定"和"自我评估"

　　为了确定正在尝试的学习方法是否有效，有必要进行适当的评估。"不知怎么回事，我就是很喜欢用这种方法""我感觉效果不错""看上去有点学习干劲了"出现这些感觉，也可以算是一种评判方式，但还是需要进一步更确定的评价。

为此，学习目标的设定很关键。因为目标的实现度可以作为衡量学习效果的标尺。

要以目标作为衡量标准，不时地评估一下自己的成果，以调整学习方法和计划，有时甚至还可以更改目标本身。

养成目标设定和自我评估的习惯，有助于培养孩子细致入微、灵活柔性的学习态度。

马里兰大学商学院教授、心理学家埃德温·A．洛克（Edwin A. Locke）教授是目标设定理论的先驱，他科学地证明了目标设定更有助于达成绩效。根据洛克教授的说法，设定目标有以下 4 个主要效果[42]。

- 提高注意力；
- 增强干劲；
- 增加耐心，能更长时间地投入工作；
- 更好地运用自己的技能和知识，获取相关联的新发现。

实际上，根据以往的研究已经发现，喜欢设定目标的人，比没有目标的人更容易取得成功。

如何帮助孩子设定有效的目标，方法繁多。下面就让我们一起帮助孩子找到最适合的方法吧。

在这里，我将为大家介绍《哈佛商业评论》的人气作者马克·埃弗伦（Marc Effron）基于最新科学总结出的设定目标的几个关键点[43]。

方法的名称是"简单"（SIM-ple）目标设定法。其中 S、I 和 M 3 个字母，分别对应目标设置中特别需要注意的 3 个重要概念。因为只有 3 个，所以也可以理解这种方法比较"简单"（simple）。以下就是 SIM-ple 方法中的 3 个主要内容。

- 具体（specific）：设定的目标要清晰而具体；
- 重要（important）：基于当前的现实情况，制订最重要的目标；
- 可衡量（measurable）：设定一个可以量化评估的目标。

例如，"获得好结果"就不是一个"简单"的目标。它是抽象的，不能用具体数字来衡量。因此，我无法立刻确定它是否现实或比较重要。

　　而诸如"下个月销售额增加 10%"这样的目标，就显得更"简单明了"。想要的结果，都已经通过数值和截止日期具体显示出来了。虽说目标是否现实或是否重要取决于很多因素，但如果是公司或部门的目标，自然最重要的就是提高销售额了。

□ 如何将短期目标转向长期目标

　　有意识地根据以上目标设定法的 3 个要点设定目标，一开始先从设定短期目标开始练习。专注于短期目标，有助于帮助孩子形成更具体的印象，使他们更容易设定符合上述要点的"简单"目标。

　　此外，设定短期目标，可以经常性地对学习进度进行评估。重要的是，让孩子养成习惯，运用自我评估检验目标的完成度。

　　一旦孩子习惯了设定短期目标并进行自我评估，我们就可以开始鼓励他们设定更长期和更高的目标。

　　众所周知，"求乎上，得乎中"[44]。建议在可行的范围内，鼓励孩子最好尝试设定一些比较高的目标。

此外，为了达成长期的目标，必须规划好每天要做的基本事情。

要想实现宏大的长期目标，就要先设定一些短期的小目标，需要一步一个脚印去实现。要让孩子知道，为实现目标所付出努力的整个过程，比目标本身更有意义。相反，只是单纯地设定一个宏伟的目标，却没有制订每天的具体行动，那么目标就毫无意义。我们应该先设定一些短时间内可以完成的小目标，比如日计划、周计划等。在设定长期目标的同时，记录下具体每一步需要完成的短期目标。每次先以这些需要短时间内完成的小目标为单位对自己进行评估，明晰自己朝向目标迈进的进度。首先，短期目标实现了吗？如果一步一步达成了短期目标，那就估算一下自己离长期目标还有多少距离。如果连短期目标都没能实现，那么先自我总结一下，问题出在哪里？ 有什么解决方法？

有关这些评估和自我总结，可以做个简单的自我评价，也可以像写日记一样记录下来。这样做有助于日后回顾的时候，更好地设定切实可行的目标。

孩子一旦养成了设定目标和自我评估的习惯，他们的学习自主性自然而然地就提高了。而且，通过短期目标及自我评估，可以检验自己的学习计划进度，很容易就知道自己现阶段与长期目标之间的差距，从而使他们考虑重新制订学习计划，或者重新安排学习日程。

而对短期目标和自我评估的具体记录，可为孩子重新制订学习计划提供依据。

在这个过程中，不必让某个目标束缚住孩子。他们可以灵活地重新设定目标，有更新目标的意识，也是一项重要而且必要的技能。

在工作中，那些目标意识过强、认为自己的目标不可更改的人，往往离职率更高。他们由于过于追求自己坚信能达成的目标和沉迷激情无法自拔，反而很难适应周围的环境和所处的现实[45]。

即使通过设定目标和自我评估，孩子已经养成了自主的习惯，也要清楚地认识到，自己以外的第三方评估同样是必要的。

特别是一开始，孩子很难做到突然对自己进行评估或设定目标，在孩子慢慢习惯之前，我们可以先具体示范一下如何自我评估和目标设定等，用长远的眼光，耐心地帮助他们养成这个好习惯。

在这个指导孩子的过程中，记住一定要让孩子自己主观判断并做决定，而不是把自己的思维方式强加给孩子。

以上就是目标设定和自我评估的法则，归纳如下。

- "简单"目标的 3 个重要指标：具体、重要、可衡量；

- 从短期目标和自我评估开始；

- 习惯后，在可行的范围内尽可能设定一个比较高的目标；

- 实现大目标的过程中，设定限期完成的短期小目标；

- 记录每个期限内的短期目标并进行自我评估；

- 当目标和完成度有误差的时候，重新调整目标或制订计划。

方法 7　不要忘记自己的榜样作用

我们在指导孩子的时候，理所当然地应该聚焦在孩子身上，但有时我们也必须回顾一下自己的生活方式。

作为孩子的教师或家长，无论我们是否有意，我们都是孩子的榜样。

孩子会一边观察我们，一边学习和成长。

我们自己就是孩子学习环境的一部分，我们的思维方式和生活方式自然会对孩子产生重大影响。

我们希望孩子养成的好习惯，自己先要做到。因此，我们必须先审视自己，做出改变。

永远不要忘记，我们作为孩子的榜样，必须要更加努力。

孩子在成长中会观察并模仿周围成年人的行动。对此，斯坦福大学名誉教授阿尔伯特·班杜拉（Albert Bandura）著名的"波波玩偶实验"有力地说明了这一点。

当孩子看到成年人对塑料的"波波玩偶"采取攻击性行动时，孩子往往也会采取相似的暴力行动。同样地，当孩子看到成年人温柔地抚摸玩偶时，他们也倾向于模仿这种温柔的举动。

这是一个经典的"社会学习理论"实验，它清楚地表明，周围成年人的行为会对孩子的行为产生巨大的影响。

此外，实验还表明，孩子各种各样的举动都是从周围的成年人那里学来的，比如亲切的举动和歧视行为等 [46]。

正如实验结果所表明的那样，如果想培养孩子养成良好的学习态度，我们要做的可不仅仅是建议孩子要这么做。最有效的捷径之一就是，你自己首先要做到。你希望孩子养成的习惯和学习态度，自己先要亲身示范，以身作则，这对孩子的学习和成长来说意义非凡。

特别强调的是，无论什么框架和前提，对事物拥有灵活、柔性的思维能力，在任何领域都是最重要的必备技能。然而，教会孩子富有思维的灵活性，并不像教四则运算那么简单。

斯坦福在线中学之所以要开设以哲学为基础的必修课，就是为了满足这个角度的要求。

然而，学校除了独特的哲学课程之外，还有其他更重要的配合措施。那就是，除了更好地为孩子提供优质的学习环境外，我们自己首先就是孩子的"哲学榜样"。

□ 成为"哲学榜样"的秘诀

"哲学榜样"这个说法也许让很多人望而却步。其实大可不必，成为榜样的关键点只有 3 个：探索、批判、求证。做孩子"哲学榜样"的第一步，是以探索精神了解事物。有任何疑问的时候，立即调查并养成思考的习惯。"那个是什么？""这个会怎样？""那是什么意思呢？"让我们珍惜这样的时刻，不要以忙碌为借口拖延，记住调查工作是不可或缺的。

也许很难每次立刻得出正确的观点，但我们要习惯于通过互联网、文字资料等渠道获取一定的信息，并对自己的发现进行讨论。孩子会从我们的实际行动中学习、模仿，自然地开始具有探索精神。

　　成为"哲学榜样"的第二个要素，是对所学的东西持批判性的态度。批判性思维并不是否定事物，而是始终思考：建立与事物相关的想法和主张是以什么为前提的？与之相反的立场是什么？自己准备以什么理由支持哪种立场？思考这些问题，正是打下哲学思维的基础。

　　这样说显得有些抽象，让我们举例说明。考虑一下"应该削减政府预算中的科技费用"这个主张。

　　首先，这种说法的前提和依据是什么？我们可以联想各种各样的社会背景，比如"财政困难""大部分基础研究并不会带来任何实际利益"等。

　　把这些前提和依据罗列出来，仔细琢磨一下。即使"财政困难"，就应该立刻削减科技费用预算吗？还有别的办法吗？为了让"基础研究与实际利益挂钩"，我们该怎么做呢？

　　还可以考虑一下"应该减少科技费用"的反对论点。例如，"如果科学家们失去工作，必然会导致科技的落后"，像这样的反对意见，你是怎么考虑的？赞同"预算减少论"的评论家们又会如何回应这类反对意见呢？

　　从相反的立场提出问题并进行思考，有助于强化自己的批判性思维。

　　成为"哲学榜样"的第三个要素，是要有证明自己论点和想法的姿态。

　　如果不提供任何依据，只是简单地陈述自己的想法，就会错过与他人相互理解、一起解决问题的机会。此外，只是盲目地相信自己的观点，没有任何批判性思维，很可能会导致误解和失败。

　　对于自己的论点和想法，其依据是什么？该如何回应相反的意见？

　　在构建自己的思想和主张的过程中，批判性思维是一个必不可少的思考过程，同时也是一个证明自己的意见和主张不可或缺的思考过程。

　　让我们带着探索、批评和求证的精神，一起享受哲学生活吧。

　　只要机会允许，我们自己就应该以这样的姿态，与孩子一起思考，做好"哲学榜样"，为孩子的学习提供更多、更好的帮助。

方法 8　孩子不能自我培育，要在社会的多样性中成才

　　为了提升孩子的才能，需要为孩子创造一个良好的学育环境，我提最后一个提议，就是我们一定要认识到，孩子是不能靠自我培

育成长的。孩子并不一定指定应该由谁抚养长大，谁也无法保证孩子一定能被培养得很好。而且，只靠家庭或只靠学校培养孩子，都不能保证一定能把孩子教好。孩子的培育需要我们每个人、每个家庭、学校、周边社区等的共同协作。孩子是在整个社会大环境中学习和成长的，不能把教育孩子的责任单独委托给特定的某个人。除了自己尽最大的可能为孩子提供支持和帮助以外，创造一个多人呵护成长的大环境至关重要。

例如，利用家里的网络、朋友聚会、社区活动等创造机会让孩子接触各个年龄层次的人。让孩子从不同的行业和不同的思考方式中获得刺激，从而学会新的思维方式。

参加运动俱乐部、兴趣班、补习班等，也可以使孩子的学习环境多样化，这些都是与不同班级、不同学校和不同学区的孩子互动的机会。

与那些跟自己不同环境的同龄人接触，也可以在建立友谊的过程中学习不同的思维方式，从而一起获得重要的学习经验。如果能有机会让孩子学习到不同国家的文化，与不同国籍、种族和文化的人相聚在一起，请一定鼓励他们积极地去参与。

□ 让"安全基地"变成护佑孩子心灵的安全网

除了让孩子与形形色色的人接触交流之外，如果能再有几个"安全基地"（home base），以某种方式让孩子感到心情愉悦是最理想的。

孩子的"安全基地"越多，就越容易把所有接触到的活动圈子进行整合，创建一个属于自己的多样化学习环境。

如果孩子已经有自己的活动社群，也拥有可以打开心扉的朋友，并且具备强烈的归属感，那么我们应该继续支持、鼓励孩子加入新的团体，以便他们可以在多个活动圈子中感受不同的体验。

相反，如果孩子没有特别重要的有归属感的团体或社区，也没必要浪费时间在几个雷同的活动圈子之间来回折腾。

我们每个人都有多种特质，在不同的团体中展现着不同的特点，才是参与社交团体的健康方式。

此外，拥有属于多个社区的不同"安全基地"，有利于孩子构建一个安全的社交网。

举个例子，即使孩子在其中一个活动圈子里遇到了烦心事，也可以找其他圈子里的朋友倾诉，听取好的建议，让失落的心灵获得栖息之处。

所以，我们要积极鼓励孩子去接触更多的活动圈子。

比如，当孩子说"我想参加这个体育社团"的时候，我们应该立刻意识到，这是一个让孩子的学习环境多样化的绝佳机会。千万不要说"那可不行，没有时间做作业了"之类的话，在经济条件允许的情况下还是要给孩子多创造一些接触不同活动圈子的机会。

无论最终做什么决定，我们一定要以多样化社交圈的视角，尽量满足孩子加入不同社群的要求。

而且，孩子如果希望与自己的学习进度和知识需求相吻合的同学交朋友，我们应该尽量满足他们这样的需求。遇见志同道合的伙伴，对孩子的健康成长非常重要。

要记住的是，在学习和知识难度加深的过程中，每个孩子都会有各种各样的需求和烦心事。

从不同角度为孩子提供支持和帮助当然是必须的，可是对孩子来说，拥有视角相同、可以互相理解的朋友也很重要。如果孩子在学校里找不到志同道合的小伙伴，那么试着让他们在符合自己学习进度的补习班等地方寻找，这也是比较常用的方法。

　　如果孩子的学习进度比同龄孩子快很多，他们可能只能在高年级或比自己年龄大的孩子里找到好朋友了。

　　以上就是我归纳总结的"天才培育法"，是有效提升孩子能力的 8 个方法。每个方法都是建立在教育学和最新科学研究成果的基础上的。

　　因此，"天才培育法"作为一种崭新的教育趋势，在世界各地引起了关注。

　　虽然不同国家和地区有不同的教育趋势，但其中有几个大的主要趋势在未来将势不可当。

　　在当今世界教育的汹涌浪潮中，接下来到底会发生什么变化呢？世界教育又有哪些主要趋势呢？在下一章里，我将为大家全面地进行剖析。

第五章

教育的 6 个趋势

教室窗外传来吹哨子的声音，一定是体育教师伊藤在为体育节训练团体操表演。伊藤老师训练时十分严苛，即使那些总爱开玩笑的同学也不敢有丝毫马虎。

今天的课堂，野中老师接着讲明治维新。我总是学不好历史，却非常喜欢野中老师的历史课。因为他的课通俗易懂，时不时地穿插一些有趣的杂谈，所以即使他的课时很长，也不会让我觉得厌烦。

有趣的是，每当野中老师的历史课开始的那一刻，同桌川上同学总会同时进入梦乡。我掐着表测了好几次，每次都是这样，准得离奇。

虽然我很喜欢野中老师的历史课，可心里总在盘算，虽然确实有必要了解一些历史常识，但是学习一百多年前发生的事，将来有什么用呢？有必要牢牢记住这些纪年吗？填鸭式教育受到日本教育界的抨击，我作为理科生也很认同这种质疑。

旁边的川上同学还在呼呼大睡，也不能全怪他，上学时间确实太早了。但是，我没有足够的勇气在课堂上像他那样毫无顾忌地睡大觉。

上周，野中老师请假没来上课，让我们上自习，观看历史专题节目。我发现，从上课的那一刻起，川上同学一反常态地盯着电视画面，直到课程结束也没任何睡意。这让我觉得很好笑，看来电视的威力不可小觑。

终于，上完第 6 堂课之后，到了社团活动时间。对了，去社团教室之前，我得去一趟学生会，拿一下学生会的体育节宣传策划单。哎，当个学生会副会长也真忙啊！

我出生在日本川崎市，每当回忆起少年时代，我的脑海中就会浮现出这些课堂场景，那时我在我家附近的公立中学上学。

大家在回忆中学时代时，像我描述的这样的课堂和学校的场景都很寻常，每个人的脑海中一定都能很快浮现出类似的画面。我只是以自己的视角，对这样的常见场景进行了一番陈述而已。

然而，这些曾经很常见的学校情景，正在一天天地发生着变化。

公共教育形式，作为现有的社会教育需求的支柱，在经历了信息化、全球化之后，已发生了天翻地覆的变化。

教育的未来发展方向是哪里呢？让我们着眼于未来，一起探讨未来的教育到底会如何变化，朝着哪个方向变化。接下来，我精选了从 21 世纪初以来教育界的一些主要发展走向，分享给大家。

个性化学习：针对每个人的私人定制学习

"我们会根据每位顾客的要求精工细造，量身定制，适合各种场合，让您舒适、舒心。"

我引用的是某西服定制店的宣传语。

根据身材，量体裁衣。适合各行业精英，无论你是销售专才还是公务人员。通过了解你生活和工作上的需求，确定设计方案和面料。制衣工匠精心为你打造"水晶鞋"般专属于你的、独一无二的私人定制西装。

同时，请再回想一下本章开头提到的课堂情景。

有这么一个教室，教室里有几个同学，老师站在讲台上讲课。班上的学生们使用相同的教科书，做完全相同的作业。

这种教育设计，仅仅反映了教育机会平等的理念。

当然，教育和学习是人类和社会的基石，对所有人都必须平等。我们必须尽可能设计一种让每个人有同等受教育机会的教育方式。

可是，每个学生的具体情况不同，学习能力和动机也因人而异。

即使有些学习环境对某些学生来说效果显著，可对其他学生来说却未必适合，也许因为进度太快等原因，所以经常无法达到预期的学习效果。

也就是说，把相同的教育条件强加给有不同学习需求的学生们，反而有可能导致形成不公平的学习环境。

就拿西装打比方，每个人的身材、喜好、活动需求都不同，可是标准尺寸的成品，却试图打造一个人人都合身的效果。

与之正好相反，现在的教育趋势推崇个性化学习，旨在根据每个孩子的学习能力和学习进度提供"私人定制"的学习环境。

这种想法本身并不是一个全新的概念。

到目前为止，即使在"平等"的课堂环境中，也需要关注每个学生的需求，并尽可能做到适合每个学生的学习，这也是学校和教师大展身手来展示自身实力的重要环节。

而在非公共教育的机构，诸如家庭教师、个人辅导补习班、一对一辅导或小组学习中，为了适合学生，为他们提供更好的支持和帮助，都可能会不断调整课程和学习进度。

但是，这种传统的个人优化方法，难免受到各种因素的限制和影响。

例如，为了找到愿意上大课的优秀教师，或者实现小班制的学习环境，都需要有相应的充足预算。

然而，公共教育的资源极为有限，很难做到适合每个学生的需要。

　　即使竭尽全力想创建适合每个学生的学习环境，能做的也非常有限。

　　首先，每位教师能照顾到的学生数量终究有限；其次，教师在教学上有擅长和不擅长的地方，能为学生的需求提供支持的范围也就不同。

　　但是，通过科学技术，完全可以超越人类所能做到的极限，实现这种个人最佳化，确保公共教育在有限的经济条件范围内，尽量朝着适合每一位学生的方向推进。

　　近年来，未来式的个性化学习（personalized learning）已经成为全球性的主要教育趋势。

　　每个学生所有的学习记录都会被纳入数据库，根据学生对某个特定问题的回答，计算机能立刻给出最适合他练习的题目。

　　同时，人工智能（AI）的学习辅助功能已经问世，也可以为孩子提供适当的指导和建议等。

　　孩子通过使用这种个性化学习工具，选择最适合他们学习进度的课程。

□　科技如何与现有的教育相融合至关重要

并不是说只要有了这种个性化的学习环境就万事大吉了。这些只不过是支持孩子个性化学习的辅助工具而已。

例如，当前的个性化学习工具，在回答不同个性和背景的学生提出的问题、对他们不理解的地方答疑解惑等方面，还远远不及教师。

在选择适当难度的问题、给出一定的建议方面，教师的存在和帮助仍必不可少。

随着技术的不断进步和发展，也许会出现更具指导力的 AI 教育机器人。但在这种高度个性化的学习环境中，孩子与其他孩子之间的沟通、协作、互动及在其中获得的学习机会反而会变得越来越少。

不可否认，来自教师和其他学生的鼓励和鞭策对孩子的学习也很重要。从周围的人那里得到灵感，有助于孩子保持学习的动力和热情。在这方面，千万不要忘记，传统公共教育中小组学习这种模式的好处也不容忽视。

那么，如何实现新的个性化学习工具的强项与传统公共教育的优势的最佳组合呢？

对此，各个教育机构和相关组织纷纷制定了各种各样的新战略，以探索下一个时代的教育模式。

主动学习：学习是积极主动的行为

好吧，让我们回到本章开头我回忆中的熟悉的课堂场景。

野中老师为了让我们不厌倦长时间的照本宣科式课堂，偶尔会穿插一些杂谈。可是，为什么非要像这样长时间地照本宣科呢?

传统的回答就是，为了更好地传授知识。野中老师是历史教师，自然对相关知识了如指掌。他希望通过不令人厌倦的课堂，把那些知识传授给学生。野中老师传授知识，学生接收知识。这正是我在上一章中提到的，站在教师教学立场上的"教育"思考方式。这种观点的前提假设就是，学生在课堂上就是被动地接收知识。

与之相对的，还存在另外一种教育理论，那就是把学习视为更积极主动的一种行为。例如，美国进步主义教育的先驱、著名教育家约翰·杜威（John Dewey）说过一句特别有名的话：学习是指学习者为达成某个目标，积极、主动、自主进行的一项活动。

此外，以蒙台梭利教育法而闻名的玛利娅·蒙台梭利（Maria Montessori）也留下了这样的一句话：教育是由学习者自愿完成的自然发展过程[47]。教育不是靠倾听获得的，而是通过对周围世界的亲身体验来实现的[48]。

这种将学习视为积极主动行为的想法是"建构主义"的基础。建构主义是一种教育理论，它将学习视为学习者积极主动地"建构"他们对世界的理解。

学习是我们运用自己已有的知识和技能，来"建构"我们对世界的理解。本质上是一种主动的行为。

也就是说，如果只是在课堂上被动地倾听，不能算是学习。**学习是一个积极主动的过程，把从课堂上获得的信息与自己已有的知识和技能相结合，从而产生全新的，或者更新自己以往的理解。**

我所提倡的"学育"也是以这种教育基础理论为背景的。

□ 主动学习有助于提高成绩

"主动学习"，是把学习视为一种积极的行为，学习中的孩子能够积极主动地参与到学习中去。20 世纪 90 年代以来，"主动学习"

再次引起了人们的关注，以美国为中心在全世界掀起了一股教育风暴 [49]。这个概念在日本可能也称得上家喻户晓。斯坦福在线中学的基本教学方法"翻转课堂"，也是主动学习的方法之一。听录制好的课只是学生预习的一部分，以小组活动和讨论等方式参与才是上课的核心。

此外，各种各样的主动学习法已经渗透到教育的方方面面。

例如，对于课堂上教师提出的问题，学生先自己思考，之后与其他学生组成两人小组，分享自己的想法。思考 – 组对 – 分享（think–pair–share）是最广为人知的主动学习方式之一。

此外，通过对拼图、"两人转身交谈"① 等的研究，我相信都可以找到主动学习法的踪影。

当然，即使在现在的照本宣科式课堂中，也有许多机制鼓励学生积极主动地参与其中。

课堂上的小测验和习题集练习等，也是立刻对所学知识加深理解的有效方法。还有在课堂上留出时间让学生思考、设置提问时间

---

① 两人转身交谈（turn and talk）是指在讨论一个问题的时候，固定合作伙伴 A 和 B 转身看着对方，当计时开始时相互讨论分享，当计时结束时停止讨论。这是一个可以让所有学生参与讨论的方法，非常适合在课堂上进行简短（一两分钟）的讨论，它能够有效地提高学生的表达和倾听能力。——译者注

等做法，也是传统教育中鼓励学生积极参与其中的方式。

换句话说，并不是非要引入什么全新的教育方法，需要做的只是想尽办法促进学生活跃地参与课堂活动，通过重新调整课程和学习环境来促进学生积极主动地学习。

积极主动的学习并不仅仅基于"建构主义"的教育学理论，其成效已经得到了各项研究的认可和肯定。

主动学习课堂的留级率，比照本宣科式课堂低 30%，甚至更多。课堂上一旦导入主动学习的元素，学生的偏差值普遍提高 5 个百分点 [50]。

在保留传统教育优点的同时，世界的教育正在从现代照本宣科式课堂一点点发生转变。毫无疑问，主动学习是未来教育的一个主旋律。

项目式学习：教科书消失了

项目式学习（project-based learning，PBL）结合了建构主义与主动学习的基本思想，是一套设计学习情境、以问题为导向的教学方法。顾名思义，它是一种基于项目的学习方法。通过开展与生活和社会相关的具体项目，推进学生从中获得学习的进步。比如在学习环境问题时，通过设计一份环保菜单养成有利于可持续发展的饮食习惯；学习社会问题时，通过制作一部纪录片广泛地了解相关的具体情况。这是一些常见的项目式学习的热门项目主题。

根据给出的主题，以学生为主导规划和执行项目，促进学生积极主动地学习必要的知识和技能，这就是典型的项目式学习，追求的是体现建构主义和主动学习的思想，即积极主动地处理事情。

如果传统课堂的假设顺序是：通过观看有关的录播课、做习题和完成课题，加深对应该掌握的知识和技能的理解，并将所学的知识和技能应用于具体问题，那么项目式学习就是完全相反的想法。项目式学习是从具体问题入手，从中获得解决问题所需的知识和技能。

□ 用项目式学习掌握未来的技能

我们为大家介绍了项目式学习的各种优点。一方面，学生可以在亲身感受生活和社会的同时学习相关知识。如果切身体会到需要掌握与现实社会问题相关项目所需的知识和技能，像"为什么必须学习这个知识"这样的疑问就不复存在了。

通常需要用多门学科的视角，才能找到解决社会现实问题的方法。

比如刚才提到的环保菜单这类项目，就需要包含文理科的多种观点，例如每种食材的采集环境、食材的成本、烹饪方法、饮食文化，等等。纪录片的制作也是如此。通过这种方式，可以培养学生跨领域的观点，而不是在语文、数学、理科、社会等科目划分的框架内片面看待事物。

通常每个项目都需要与其他学生进行互动和合作。

在项目团队中，每个学生都有自己的强项，彼此互补，共同解决问题。

学生可以从解决问题的过程中获得与社会性相关的学习，例如领导力和沟通力。

当然，同时也可以培养学生对项目的规划和执行能力。调查、提出问题、设定项目内容并执行，在这样一个过程中，学生不仅学习了相关的新知识，还能获取新的解决方案。毫无疑问，项目的规划和执行能力是现代社会中需要掌握的未来型技能。那个按期望准确完成所分配任务的时代已经结束了。项目式学习能够培养孩子在积极主动学习中寻找解决方案的能力。

另一方面，项目式学习追求与传统照本宣科式教学方法完全相反的教育模式，作为执行一方的教师和学校，必须做好进行重大变革的心理准备。

在为学生的项目提供建议的同时，提供机会让他们掌握项目执行所需的知识和技能。

在项目式学习模式下，教师需要掌握的技能，与过去那种传统的、站在黑板前授课的方式完全不同。

此外，执行项目也需要时间和成本，作为一所学校，如何决策，将项目式学习纳入整个教学计划中，任重而道远。

然而，由于教育技术的发展，完成这些课题的资源比以往任何时候都丰富多彩，而且有关项目式学习的知识和见解也越来越完善。项目式学习在世界教育各大领域的成效显著，今后人们会持续探索如何灵活运用项目式学习。

学习科学：科学学习法大揭秘

我在解释"学育"概念的时候，经常将其与医学进行对比。

医学无论如何进步，也只能有限地为我们提供一定的治疗服务。同样，教育也只是为孩子的学习提供一定的支持和帮助。所以，教育中不存在"最好"的教学方式，我们应该以"学育"的角度，尽可能为孩子本能存在的学习能力提供最好的帮助。

但是，医学和教育又是不同的领域。两者之间最大的区别之一是，"特效药"是否存在。

例如，我们最熟悉的退烧药。在大多数情况下，退烧药确实具有清热镇痛的效果，当然也有不起作用的时候。在人类医学的发展史上，品类繁多的"特效药"还在相继问世。

再比较一下教育方面，像退烧药那样确实有效的"特效药"真的存在吗？

可以说，评估教育方法和教材确实存在一定的困难。通常，在评估某种教育方法时，首先必须先了解该方法的目的何在。比如为了考上理想的大学，必须提高模拟考试的成绩；为了以后工作中取得成功，想掌握各种技能；为了能拥有一个充满智慧的人生而终身学习等。这些目的都不错，除此之外，还可以设想出很多其他的教育目的，可能其中一些目标还相互矛盾。此外，像"智慧的人生"这类目标比较抽象，要对它进行评估恐怕难上加难。除了未来目标的多样性，孩子现有的目标、学习进度、干劲等因素也是多种多样的，而且瞬息万变。为什么即使设定了"提高模拟考试成绩"这样的目标，学生最后取得的分数仍然不尽如人意，其原因细究起来也是复杂万千的。

当然，医学上的"高烧"也有着各种各样的原因，每个人的健康状况也大不相同，但在许多情况下，还是能够发现导致发烧的病因，并能得到基础研究的验证的。

但在教育领域，却没有类似医学这样有关物质和细胞层面基础研究的发展，对教育法和教材的平均成效方面的评估测定方法一直没有大的发展变化。即使确认有一定的效果，也无法像医学分析那样，从大脑和人体层面解释学习效果是否有所提高。

然而，近年来的"学习科学"终于为这样的历史画上了句号。"学习科学"是运用最先进的认知科学和脑科学，阐明人类学习机制的一个研究领域。

学习时大脑是如何运作的？哪些因素会影响学习？哪种学习方法最好？

针对这些问题所做的研究，即"学习科学"，正慢慢成为有关学习的基础研究，并取得了显著成果，已经在教育实践中发挥了积极作用。

例如，学习科学中一个很有名的案例，是关于学校上学时间的。上学的时间大多被设定为从8—9时开始。可是学习科学的研究发现，这个时间段的学习效果并不好 [51]。因此，美国和其他一些国家对学校作息时间的争论一直非常激烈。美国有些州的法律甚至不允许学校把上学时间设定得过早。

□ 近几年学习科学上已经取得的惊人成果

除了下面列出来的这些，还有许多其他发现和成果也备受关注。这里只是把本书中介绍过的几种做了总结。

- 情感和学习的深层关系：提高情绪有助于提高成绩。这是关于社会情感学习的研究成果。

- 没有固定的学习风格：诸如"视觉学习""边读边学"这类所谓的"个人学习风格"，在脑科学上并没有找到依据。

- 最好采用多种学习方式：运用各种学习方法，而不是固定的某一种，更容易激活大脑的不同区域，提高学习效果。

- 唤醒记忆非常有效：经常回忆学过的内容比单纯地复习和反复阅读更有效。考试作为学习的一个工具，应该有效地加以利用。

- 犯错也很重要：犯错时大脑被激活。不要害怕犯错，把错误当成学习的大好时机。教孩子懂得这个道理。

- 社会脑：与他人互动时，大脑的执行功能被激活，可以更有
  效地促进大脑的发展。和其他人一起学习，或者运用与他人
  发生联系的学习方法，学习成效会更显著。

但是，目前"学习科学"的研究成果并不都能很好地运用到实
际的教育领域中去。

科学的基础研究成果真正能投入实际的运用中需要花费相当长
的时间，因此，以最佳的方式将"学习科学"的成果真正渗透到具
体的教育环境中，也需要一定时间的沉淀。

但是，"学习科学"的相关研究也逐渐认识到，为了让这些基础
研究能更快地投入实际应用中，要在"转化"上下功夫。

从另一个角度看，"学习科学"本身就是个颇有意思的领域，是
当今世界主要的发展趋势，大家往往容易不假思索地将其研究成果
搬来就用，并给教育带来意想不到的冲击。因此，我们在确保"学
习科学"进一步发展的同时，应该将其研究成果更慎重、更积极地
运用于教育之中。

EdTech 和在线教育：手掌大小的教室

教育技术（以下简称 EdTech，是 Educational 和 Technology 的融合词）及其重要组成部分——在线教育，正在全世界范围迅速发展。

2020 年上半年，全球数以亿计的学生和教师因客观原因开始远程学习模式 [52]。

例如，美国的所有大学都暂时转向在线课程，甚至小学和中学教育也导入了在线学习模式。

其实，EdTech 早在 2020 年之前就已经发展成了世界教育的主要趋势。

2019 年，全球 EdTech 的市场规模已达 20 兆日元（约合人民币 1128 亿元），其增长速度是全球经济增长速度的 5 倍。预计 2026 年的市场规模将达 50 兆日元（约合人民币 2821 亿元）[53]。

在美国、中国、印度和欧洲，EdTech 的风险投资规模也在扩大。几家估值超过 1000 亿日元（约合人民币 56.4 亿元）的独角兽公司已经诞生。

教育领域也是如此，据报道，三分之一的美国大学生正在接受在线课程 [54]，小学和中学的教育则有超过 50% 的教师每天都会在课堂上使用一些 EdTech 工具授课 [55]。

当我开始参与斯坦福在线中学的创建时，在线教育正在全世界范围内爆炸性地扩展。

20 世纪 90 年代开始，菲尼克斯大学（University of Phoenix，又称为凤凰城大学，缩写为 UPX）率先在高中设立了各种网络课程，在线上课就可以获得学历和学分。

进入 21 世纪，MOOC 开始登场，世界各地的大学都踊跃开发 MOOC，任何人都可以随时随地免费使用它。

其中比较著名的在线教育平台有麻省理工学院和哈佛大学联合开发的 edX、斯坦福大学的 Coursera，以及斯坦福教授联合其他公司开发的 Udacity 等，都是在那时候设立的。

此外，"苹果"等通信领域的公司，也开始在 iTunes U 平台上免费提供各个大学讲座的音频和视频。

□ 技术改变下的学校景观

在线教育的蓬勃发展，象征着整个 EdTech 领域的发达。

即使是在线教育等先进教育以外的传统教育现场，也引入了各种各样的教育技术。

不仅个人计算机、触摸式平板计算机等硬件设备被开发出来，相应的教育软件和计算机教材等应用工具也越来越多地被开发出来，有些学校甚至教室里的白板和遥控器也被触摸屏取代了。

EdTech 领域的创业公司如雨后春笋般涌现出来，很多知名企业也开始进军 EdTech 行业。

教育领域正受到变革浪潮的强烈冲击。首先，信息管理系统很快导入教育行业。为了在云端管理学生及其家庭的注册信息、成绩和学校管理所需的各种数据，各类相关的软件被开发出来，在线教育的发展势如破竹。

与此同时，信息管理系统甚至渗透到孩子学习的方方面面，例如提供课程教材、提交作业、考试及教师反馈等。这类信息管理系统英文全称是 Learning Management System，简称为 LMS。

此外，面向教育的第三方应用软件及数字化内容产业也呈现出爆发式增长，并被积极地融入学校教育之中。

人工智能和虚拟现实等先进技术在教育中的应用也非常活跃。在硅谷——斯坦福大学所在地，很多著名的 IT 公司也不甘示弱，积极参与到这次技术竞争的鏖战中。

近年来，EdTech 的发展进一步加快了步伐。用手掌大小的智能手机上网课已成为一道司空见惯的风景。

今后，应用于教育领域的技术会越来越先进，更好地满足社会的需求。

分布式学习：自主设计最适合自己的教育

使 EdTech 和在线教育得以迅速、广泛传播成为一种可能的，不仅仅是因为教材的数字化和教室的触屏化。

互联网将人与物连接在一起，让教材和课程的数字化成为可能。教育活动中，教师、学生、教材不一定非要在一个地方同时出现。换句话说，教育和学习是可以分离（distributed）的。这种特征形式下的教育和学习形式，被称为分布式学习（distributed learning）。

利用下班后的时间，可以通过学习在线课程获得 MBA 学位；在美国之外的地方也可以免费收听斯坦福大学教授的录制课程；英语会话、编程和其他的学习课程也都因为在线教育而变得更加唾手可得。

我们还会看到其他更多种类的分布式学习机会。

在这些变化中，原来那种只能依靠学校才能获得全面教育机会的时代正在走向尾声。

过去，孩子放学后或周末会去参加学校外的各种活动，比如特长班、补习班、社团活动等。虽然学校以外这些活动确实可以为孩子们的成长提供支持和帮助，但校外的那些活动充其量也就起到辅助的作用，学校虽然不能说是教育的全部，也几乎是唯一能全面满足孩子学习需求的地方。

然而，现在由于学习的分散化，孩子渐渐地能够根据自己的环境和需求创建符合自己的学习计划，除了学校以外，还有多种学习选择，诸如在线课程等。本书中提到的"自主学习设计"型的学习模式正一步步地成为现实。

例如，我们不必像以往那样购买自己最喜欢的歌手的 CD 专辑，而是可以在网上挑选自己喜欢的单曲，制作自己的播放清单。

我们不用选择学校，只需要亲自挑选适合自己的学习机会，并设计最适合自己的教育。这样的时代即将到来。

□　公共教育不应该被随意破坏的理由

分布式学习的发展，是社会瞬息万变和人们的需求多样化双重作用下的必然产物。随之而来的 EdTech 的蓬勃发展，也不是偶然的。

随着技术创新和全球化的大环境，社会发生着日新月异的变化，所需的技能和能力也多得让人眼花缭乱。在这种情况下，我们该如何为孩子创造掌握必要技能的更多机会？

这已经成为现代公共教育的一个重大课题。

因为，包括公共教育在内的传统教育框架已根深蒂固，不能期待它能迅速应对当前技术创新的剧烈变化。

而且，公共教育是社会基础的一部分，也不应该任意地让其轰然倒塌、激变，再重建。

换句话说，公共教育系统不能也不应该发生诸如创新所带来的那种激烈变化和崩塌。

与公共教育的情况相反，教育技术产业和公共教育以外的教育计划完全可以更灵活地调整。今后，分布式学习会以补充核心教育基础设施的形式，日益增长，百花齐放。

在当前这些主要的教育趋势下，教育未来的发展方向又是什么呢？

下一章，我将把教育未来的图景展现给大家。让我们一起期待，有关"教育未来"的讲述，终于进入了高潮部分！

第六章
—
教育的未来

那件事发生在 2015 年。佐治亚理工学院（Georgia Institute of Technology）的计算机科学教授阿肖克·戈尔（Ashok Goel）在人工智能课上向学生宣布，从今天开始，你们会有一位新的助教，她的名字叫吉尔·沃森（Jill Watson）。

但是，戈尔教授并没有说出最重要的一点——吉尔·沃森是个人工智能机器人。

直到学期过了很长一段时间后，学生才开始怀疑在线回复问题的助教吉尔·沃森的真实身份。

之后，人工智能机器人吉尔·沃森还在生物工程、计算机科学等广泛的领域为本科生和研究生的在线课堂和面对面课堂担任助教。佐治亚理工学院甚至还在探索高中教育中导入人工智能的可能性[56]。

在线媒体 EdTech 以发布最先进的教育技术新闻而声名鹊起，以上的段落就摘自其发布的一篇文章。这会成为下一代孩子眼中见怪不怪的一道风景，还是仅仅会诱发人们对最新技术一时的过度期望（overhype）呢？毕竟现实中像这样的"天方夜谭"也并不少见。

教育的未来到底会是什么样子呢?

在本书的最后,让我们结合当前的教育现状及其主要趋势,一起探索未来教育的图景吧!

潮流下的学校未来

首先,我为大家介绍的这些当下的教育趋势,今后会以越来越快的速度发展。

"个性化学习"改变了现代公共教育的千篇一律,力求为每个学生提供量身定制的学习方案;"主动学习"通过让学生积极主动地参与,促进学生的学习效率;"项目式学习"提供了大量的学习机会,让学生积极主动地掌握未来所必需的技能。这些主要趋势,都因为解决了以往教育中存在的根本问题而备受关注。还有凭借先进科学对学习进行基础研究的"学习科学";将现代技术应用于教育的EdTech;使科学技术得以应用的"分布式学习";以及随之而来的教育转型。这些主要趋势承载了科学和技术的发展,顺应了社会需求变化的方向。换句话说,本书中介绍的所有主要趋势并不会昙花一现,而是从现在到未来不可避免的长期发展方向。

那么，在当前这些教育趋势下，教室里的情景也可能会随之发生以下的变化。

个性化学习：每个学生使用不同的教科书和学习资料；学生按照最适合自己的节奏和课程学习；即使是同一年级的学生，学习的内容也完全不同；个人学习和与其他学生互助学习的时间穿插在一起。

主动学习：教师讲课的时间缩短；班级交流积极活跃；打瞌睡的学生和作业量骤减；增加课外预习的时间，养成上课前阅读教科书或看录播课的习惯（翻转课堂）。

项目式学习：增加自主调查的机会；更清楚地感受到现实社会与学习之间的关系；加大与其他学生合作的机会；尊重孩子的兴趣爱好和学习自主性；增加项目评估，减少考试。

学习科学：推迟早上上课时间；对同一课题，尽量采用多种方法思考并解决；增加社会情感学习的机会；引进有关学习科学的课程；让学生思考该"如何学习"，并配有相应的指导教师。

EdTech：黑板被智能触屏所替代；智能平板计算机和计算机成为学生课桌上的标配；纸质教科书和笔记本的需求急剧减少；学生的学习活动过程被详细地记录在云端，并通过数据分析加大指导的范围；缩减学校行政人员的数量。

分布式学习：缩短在学校学习的时间，取而代之的是在家里参加在线课程；自主选择上学的日期；增加与其他学校的学生和教师的在线互动；减少在学校学习的科目；增加俱乐部和社区活动的时间。

学校多元化：没有校舍、半周上课半周休息、建立跨国校园

今后，如何应对以上教育趋势所带来的变化，将成为每个学校都要面对的重要课题。

学校之间的差距，取决于它们如何应对这种变化的速度和程度。

就像其中为数不多的几所世界顶尖学校，为每个地区和社会培养出大量的精英人才，未来也将继续遥遥领先。

虽然这些学校为了迎合当前的主要趋势，会在课程和技术环境上做一定的改变，但整体的教学计划并不会发生特别大的变化。由于已经为学生提供了最先进、最优质的学习机会，因此与其他学校相比，它们为了适应新趋势而改善学习机会的上升空间并不大。此外，那些专门从事特殊支援，以满足特定需求的学校和教育机构等，

其全方位支援体系和教师的特殊作用也不会发生很大的改变，现在的模式会继续存在下去。除了这些学校之外的其他教育机构，则会因教育的发展趋势迅速地发生巨大的变化。

在线教育和学习的分散化，使学校进一步多样化。学校会提供更丰富的学习机会，以尽量满足每个学生的需求。

由于科技的发展，好的学习机会和资源都可以轻而易举地通过网络直接获取，不必费力地特意去创建那些与其他学校相类似的学习机会。

这显然为每个学校和地区发展自己的教学特色提供了绝佳的机会。毋庸置疑，那些没有任何特色的学校可能将面临被淘汰。既然可以随时随地地在线听课，没有特色的学校就完全失去了存在的价值。

在这样的趋势下，每个学校和教育机构都应该充分发挥分布式学习的优势，创造各种机会与其他机构合作并进。

此外，即使隶属同一所学校，在不同地区和不同国家设置多个分校的情况也越来越多。每个校园都能通过网络互相连接，即使在不同的地区或国家，也可以以同一个学校社区为单位参加各项活动。

　　同样，不管学生去不去学校，都可以参加在线课程，因此在未来，学生很可能可以实现由自己决定上学的日程。

　　所以，并不是在在线学校和实体学校之间做二选一，而是未来一定会有各种各样的学校模式，学生可以根据自己的实际需要进行选择。

　　此外，由于学习的分散化，长久以来由学校所承担的帮助孩子全面发展的责任，将广泛地分流到学校以外的各大教育项目和教育机构。

　　补习班、兴趣特长班、学校之间这种明显的界限会被淡化，越来越倾向于为学生的综合性学习计划提供全方位的服务和帮助。在这样的变革中，学校将被赋予新的期待——那就是，对学生各种分散性学习给予综合性的分析和建议，为他们"自主学习设计"提供支持和帮助，建立适合每一位学生的教育体系。

□ 令人惊讶的学校社区再激活理论

　　在很多发达国家，社区已经渐渐失去了以前的作用，正在走向没落。随着学习的分散化进展，学生不必再依赖学校，学校作为社区中心的地位会进一步被减弱，社区则会加速崩溃。

这么想似乎是顺理成章的，所以，当大家听说分散化学习会让社区再度受到瞩目，一定会觉得很意外吧。

下面谈谈我个人对此的想法，其中带着我的主观期待。

因为学习分散化，孩子可以从多所学校和相对便宜的在线学习中找到最适合自己的学习，从而减少了在学校学习的需求。

然而，在线课程鲜有机会让孩子体验到社交和情感，而教育需要创造大量机会让学生体验社会生活。

因此，学校必须在学生之间的沟通、协作和课外活动等方面加大投入力度。此外，也应该增加学生在当地社区体验的机会。

学校作为地区的教育资源中心，应让当地社区重新联系在一起，形成教育和发展的合力。在这样的过程中，学校的功能被重新定义。

总之，我对学习分散化的这种反效应充满了期待。

指导需求增加，教师"指导培训"作用凸显

随着学校的社会角色发生变化，教师的角色也会随之发生变化。

首先，教师不再像原来那样，只教授特定的某门科目，而是转

变为答疑、提出有关学习方法的建议，指导学生制订学习目标和方针等，以促进适合每个孩子的个性化学习。

同时，教师所必备的技能和能力，不再是能教授某门学科，更重要的是具备导师和辅导员的素质，并能帮助学生制订学习目标，为学生提供升学指导。

换句话说，教师的角色从传播知识和技能的"教书育人"，转化为发挥社会所期待的"指导培训"作用，为学生提供升学和学习计划等方面的建议。

另外，因为分散式学习，教师的工作机会日益增加。

除了学校，教师还可以在网上轻松教学，这种机会和需求未来会更多。

整个社会处于学习分散化的风口浪尖，在美国，那些不允许教师做副业的学校可能会面临淘汰。

由于校外教育机会增加，校外教育市场对教师的需求也随之增加，工资大幅度增长。如果不允许教师在校外兼职教学，很容易导致教师外流。

因此，学校方面将不得不慢慢接受教师同时身兼数职的事实。

相反，由于教学的兼职化，除了全职教师，很多教师在校外上课的机会也会增加。

到那时，平时是学校的普通职员，利用午休时间在线辅导高中生这种现象，也就变得司空见惯了。

孩子的主体性越来越受到关注

在现在的这场教育变革中，我们应积极地重新审视孩子与学习之间的关系。

随着个体化、多样化学习的发展，期待作为学习主体的孩子本身，更积极主动地"自主学习设计"。

对于学生来说，当"自主学习设计"成为一种可能时，接下来的事就是期待他们能真正地去实践了。

你的目标是什么？相应的学习目标和学习计划又是什么？哪种学习方法最适合自己？为了推进自己的学习，应该用哪个应用程序？能否登录在线使用？

随着每个学生的可选项和自由度的扩大，让他们更好地了解自己，也期待他们制订坚定的学习计划和目标，更加积极主动地学习。

在传统的教育体系下，学生一旦进入学校，只需要在既定轨道上按部就班地前行。未来即使会更换路线，或者面临一些可选的岔路，但也还是在既定轨道上循规蹈矩，这一点不会发生改变。每个人也终将按计划到达自己的终点。

可是，这样的时代已经成为过去了。

今后，孩子必须更积极主动地学习。未来世界需要他们拥有发自内心的动力和热爱，做自己真正感兴趣的事情，不负众望，大步迈向未来。

不过，孩子作为学习的主体，积极地设定目标并推进学习绝非易事。虽然说学习是人类的本性，可是必须让孩子真正意识到自己才是学习的主体，并在学习中进一步激活并强化他们的积极主动性。因此，我们必须把焦点从"教育"孩子，转向对孩子的"学育"，尽可能给予他们必要的指导和支持，让作为学习主体的孩子更积极主动地投入学习。

教育正在激烈地发生着变化，为了给孩子提供更好的帮助，我们也必须做出改变。

人工智能会给教育带来怎样的变化

接下来让我们考虑一下，如何让先进技术与教育更好地融合。

在本章开头，我介绍了人工智能在教育领域的应用。人工智能代替了传统的教师和助教，为学生的学习提供帮助。

未来教育中，人工智能的应用将会比现在更加广泛，这是毫无疑问的，人工智能将代替教师和助教的部分工作。

此外，人工智能的应用，让适合每一个学生的个性化学习成为可能，并得以迅速推广。如何选择适合每个孩子的学习资料和课程的方法，也将变得更加高效和合理。

但是，教师和助教并不会完全被人工智能所取代。

针对学生在人际关系中的各种需求，细致入微地帮他们分析判断，引导学生积极主动地参加各种团体活动，这些工作都离不开真正的教师。

即使人工智能在未来有可能完全取代教师和助教，但至少目前尚未达到这样的水平，离这一步还为期尚远。

而且我认为，人工智能完全取代人类承担所有工作的可能性微乎其微。

我觉得人工智能所擅长和适合的领域，并不在课堂上，而是在教室外。比如学校的事务工作及为学生提供服务等方面，人工智能会变得非常普及。

未来，许多办公室的事务工作将被人工智能承担，因此，对长期依赖纸张的教育行业来说，未来走向人工智能化绝非天方夜谭。

比如，升学考试和学生学习成绩的管理等工作都将走向数据化，学校也将根据大数据分析做决策。

此外，对学生的生活指导及学校与父母的沟通交流等方面，也会导入人工智能技术。

其实，用来促进和学生及家长沟通的聊天机器人已经在美国的大学出现。聊天机器人会将"今天感觉怎么样""资料提交了吗"等常规问题发送到智能手机上。

当学生回答"最近感觉有点压力""啊，要提交吗？哪里能看到"时，聊天机器人会立刻发送有关压力管理的练习方法和学生所需资料的链接。

□ 虚拟现实和教育科技的未来

此外，包含虚拟现实（VR）和增强现实（AR）技术的扩展现实（xR）[①]技术也将广泛应用于教育领域。

现在，越来越多的 VR 和 AR 等设备价格开始趋向平民化，越来越多地进入美国各级课堂，并在各方面开展探索和应用。

通过身临其境体验别人的视野，来加深理解别人的感受。像本书中介绍的社会情感学习等，都可以通过"扩展现实"方面的应用提高其学习效果，这方面的研究也正在如火如荼地进行中[57]。

此外，通过 VR 模拟可以去体验和探索那些不易到达的地方、过去的世界或微观世界，借此获得直观感受，从而提高学习效果。

现在，VR 视频的制作成本还很高，优质的教材也不够完善，但今后随着"扩展现实"技术的进一步发展，相信制作费用一定会越来越低廉。

目前，"扩展现实"在教育中的应用正从过高期望引发的过度炒作阶段进入更切实际的稳定发展阶段。

---

① 扩展现实（extended reality，xR）是指通过计算机技术和可穿戴设备产生的一个真实与虚拟结合、可人机交互的环境，是虚拟现实（AR）、增强现实（VR）、混合现实（MR）等多种技术的统称。通过将三者的视觉交互技术相融合，实现虚拟世界与现实世界之间无缝转换的"沉浸感"体验。——译者注

向"娱乐"迈进的大学教育

现在 VR 等技术已应用于游戏、电影等领域，并渗透到我们熟悉的日常生活中。这些广泛运用于娱乐领域的 VR 技术，今后会深度融入教育领域。

根据联合国教科文组织的报告，目前全球大学的学生人数为 2 亿人，到 2030 年会超过 4 亿人。预计他们中的许多人将来都会使用在线课程[58]。

随着学生人数的急剧增加，大学之间在线教育市场的竞争也会日趋白热化。其中，最引人关注的应该是教育的"好莱坞化"。

随着在线教育竞争的加剧和投资的增加，每个教育机构都开始分析如何在教学计划以外的部分拉开差距。

过去，人们常常使用相对简单的设备进行在线讲座和视频研讨，现在随着使用 CG①、名人出演等方式，（在线教育）正朝着提高视频

---

① CG 为 Computer Graphics 的英文缩写，是对计算机软件绘制的图形的总称，也指利用计算机技术进行视觉设计和生产的领域。它既包括技术也包括艺术，几乎囊括了当今信息时代中所有视觉艺术创作活动，一般分成二维图、三维图、静止画、动画（movie）四个主要领域，从自由创作、服装设计、工业设计、电视广告（CM）到网页设计等，可谓包罗万象。——译者注

制作价值的方向发展。

这种赶时髦的形式，就像"哈佛遇上好莱坞"（Hollywood Meets Harvard）这类教育视频节目一样，会成为一种流行趋势[59]。

在教育转向"好莱坞化"的趋势中，学生的学习更加分散化，他们可以随时随地选择上自己喜欢的网课，教育和学习"奈飞化"（Netflix）[①] 的未来指日可待。

就像一旦找到自己喜欢的电影就想立刻观看一样，你一定会找到自己想学的课程，然后自己选择合适的时间观看。

在技术的支持下，这些都完全能够实现，不再是水中月、镜中花。不仅如此，系统还会根据你上一次课程的播放记录，推荐相关视频显示在你的播放列表中，供你选择观看。

□ 游戏和学习融合在一起

今后，教育更趋向于寓教于乐，游戏与教育会很好地融合在一起。

不仅是孩子喜欢玩游戏，成年人也喜欢玩。各种调查发现，很

---

① Netflix，美国奈飞公司，是一家会员订阅制的自流媒体播放平台，曾经是一家在线 DVD 及蓝光碟租赁提供商。——译者注

多孩子平均每天要玩几小时游戏。

这样算下来，一年就有 1000 小时左右。也就是说，孩子从小学、初中到高中这段时间里，玩游戏的时间几乎是 1 万小时以上。这相当于孩子高中毕业前在学校度过的时间总和。如果他们能把玩游戏的时间抽出一点用在学习上那该多好。

这几乎成了现代父母最大的烦恼，所以从这个角度出发，很多地方尝试在教育中导入游戏机制，让教育变得更"游戏化"（gamification）。

其实，将游戏融入教育的这种想法，并不算一种新的思维方式。在传统学校的日常课程中，也设置了许多方法和手段，让孩子可以快乐地学习。

当我还是一名小学生时，每次练习写汉字时，我都会得到"汉字票"，凭借这张票，我可以获得学校午餐时加餐的权利，也可以在忘了带教师规定的东西时免于受罚。

这种充满游戏感的小乐趣被带入写汉字课堂，在这种激励下，我的练习本很快就写满了密密麻麻的汉字。

随着近年来在线教育和 EdTech 的发展，教育和技术相互融合，学习和教育"游戏化"已经发展到一个崭新的水平。

在充分利用图形和游戏软件的基础上，各种各样的学习软件被开发出来，使孩子在畅玩游戏的同时也学到了很多知识。

有孩子的读者应该都有这样的经历，让孩子使用平板计算机和智能手机上的应用程序进行学习。

今后，这种教育和游戏相互融合的模式会进一步发展，并将以清晰的样貌进入学校和整个教育的未来风景中。

公司工作之余获得学位，终身学习的未来

前面的内容我一直在讲孩子和学校，现在让我们从更广泛的角度去考虑一下教育的未来。

事实上，人类是持续学习的生物，学习是人的本性之一。因此，"终身学习"是社会的重要主题之一。

特别是近年来，终身学习改变了人类以往的人生观，并作为一种新的社会需求重新受到关注。

很多人不再只为了工作和生活而疲于奔命，他们有了新的人生目标，追求知识和教育，追求有意义、有价值的人生。为此，他们

退休后仍然选择去大学进修，或者参加所在社区的学习班等活动。

　　生活在这个时代的我们，获得新技能并适应新的价值观，是理所应当要承担的责任。

　　大学毕业后，进入一家好公司，然后一生无忧。这种人生规划已经成为过去了。

　　年轻一代应该训练自己，以便未来能适应现在还没有出现的职业。即使是社会工作者，也有可能明天就面临着要解决与今天不同的课题。

　　在高速发展的现代社会中，需要不断地更新知识和技能，以适应日新月异的世界。换句话说，这是一个需要终身学习才能生存的时代。

　　公司一边寻求即时体现战斗力的人才，一边同时强化构建培训环境，让员工进入公司后不断地提升技能，并鼓励他们边工作边进修获得学位。努力打造一个终身学习的企业环境。

　　比如在美国，比较知名的是星巴克（Starbucks）和亚利桑那州立大学之间的合作。

　　众所周知，亚利桑那州立大学是一所非常受欢迎的大学，2016年至2020年连续5年被评为"美国最具创新性的大学"[60]。

在星巴克入职的员工，可以一边工作，一边进修亚利桑那州立大学的在线课程获得四年制的大学学位。这是公司员工培训内容的一部分，所以是免费的！

员工在工作之余同时获得大学学位，既提高了技能，又拓展了职业发展前景。

寻求优秀人才的同时，把现有员工培养成优秀人才，以缓解来自出生率下降、人才短缺等一系列社会压力和市场压力，已成为极为紧迫的一个课题。

纳米学位的前途

未来的教育里，学历的含义和存在都将发生巨大的变化。

其实，这种征兆已经在近几年的"纳米学位"（nanodegree）潮中呈现出来。

传统的学位是通过在既定学术领域长期训练和学习后获得的。大学通常需要四年的学习和研究。

但近来，许多机构将学位的领域和时间跨度设置得很窄，短时间内就能获得所需要的知识和能力。

这种学历被称为纳米学位或微硕士（micromasters），即通过网络在特定领域集中接受几个月的培训后，获得毕业证书或资格证书。

除了获取学位的时间缩短，学生在学校受教育的时间也缩减了。

很多美国大学改变学校原有的学期制度，将时长几个月的学期（semester）大幅度缩短，设置了迷你学期（minimesters），让学生更灵活、更快捷地获取知识和技能。

另外，学校和其他的一些教育机构开始流行颁发技能学习的微证书（micro-credentials）和数字徽章证书（badges），不再像以往那样进行学科评分。

比如，职场人士选择短期的演讲课程；大学生参加编程的在线课程等。

这些课程使用专门的教材和训练，旨在让大家更紧凑、高效地掌握知识和技能。

如前所述，因为社会所需的专业知识和技能日新月异，所以保证大家能够在短时间内迅速获得专业技能的新机制也随之出现，那就是数字化职业资格证书。

升学考试和公司招聘时，大学或公司会以数字化证书对人员进行评判。然而同时，数字化证书的可靠性成了大学和公司方必须面对的一个大问题。比如有人说自己参加了某种在线培训；有人声称自己已经掌握了某项技能，但他出示的微证书是真的吗？在各种不同的程序中逐一确认是否已经掌握技能并不现实。为了解决这些问题，已经开发出了一种用区块链技术进行认证测试结果，以不可篡改的形式交换数字微证书的系统。其中最有名的，是麻省理工学院等研制的 Blockcert，引起了人们极大的关注。说到区块链技术，大家都会联想到曾经红极一时的比特币。但这里所说的区块链，并不是指某种加密数字货币，而是将个人的技能和资格信息以不可篡改的形式登记在区块链上，纳入大学和公司的人员选拔系统中。

在线教育变得像黑板一样普及

最后，我作为斯坦福在线中学的校长，总结一下在线教育的未来发展趋势。

一方面，在线教育不会完全取代传统的教育形式。许多面对面课堂和其他一些传统的教育方法，将继续作为教育未来图景的一部分。

另一方面，在线教育不再像以前那样作为一种特殊的教育形式，它将完全融入普通教育体系中。

就像每个教室都有黑板或白板一样，在线教育会成为平时课堂场景的一部分，所有的孩子和教师都会习以为常。

未来教育究竟是在线教育还是传统的面对面教育？像这样的二项对立 ① 的疑问已经终结了。

在线教育和面对面教育将以各种形式和不同比例相互融合，从而创造出各种各样的混合学习机会。

同时，各种教育方式也将以前所未有的速度优胜劣汰。

现在，世界各地的许多学校都转向了在线学习。那些低品质的在线教育项目和教材，已经被彻底地暴露在众人的目光之下，终将面临被淘汰的局面。

同样，大家也开始重新审视传统的教育方法，那些不好的教学方式和教材，也将被新的教学形式所取代。

在线教育这种新的教育形式，将与传统教育相辅相成、共同发展下去。在这个过程中，每种做法都会面临被重新考量，加速优胜劣汰的进程。

然而，人生终究不允许你只做自然淘汰的一个旁观者。

在物竞天择、优胜劣汰的浪潮中，适者生存。能解决以前存在

---

① 二项对立，语言学术词语，也称"二分法"，是一种用两个互相排斥的可能性（即肯定或否定）来描写语言单位的方法，为 20 世纪结构主义语言学所广泛采用。——译者注

的问题、低成本和高质量的混合教育形式将脱颖而出。但随着教育的获取途径多样化、随时随地可以实现，教育差距将逐渐消失，社会差距也随之缩小。如果仅仅依靠自然淘汰，是绝对无法获得这种效果的。在线教育本身并不能解决任何问题，虽然在线教育能让教育途径更多样化，可是并没有实现教育差距的缩小。不仅如此，在线教育反而可能进一步扩大这种差距。因为没有高速网络的地方就不能在线上课；低年级孩子的在线课程需要成年人的陪护；在线课程根本无法实现特别支援教育 [①] 和相应的扶持等问题目前依然存在。

　　所以很明显的是，盲目地引入在线教育，只会放大某些教育不公的问题。

　　作为学习工具的在线教育，尽管潜力无穷，但是它与其他技术一样，本身并不能作为现存问题的解决方案。

　　我们必须牢记，在线教育只是教育的一个工具而已，我们应该积极探索如何充分利用它解决当前存在的各种问题。

---

① 这里指日本的《学校教育法》中为了保障残障人的受教育权利而规定的"特别支援教育"。——译者注

结束语

衷心感谢您阅读本书。您对我描述的未来教育图景有何感想呢?

在序章中,我借科学前沿研究否定了既有的教育常识。我们还必须重新审视被认为理所当然的那些学习习惯。

第一章介绍了斯坦福在线中学。为了超越传统的普通学校,对于那些公认的学校规定,该摒弃的要毫不留情。我还为大家介绍了学校"自主学习设计"的建校方针。

第二章介绍了斯坦福在线中学在革除传统校规后,究竟创建了一所什么样的在线学校。并对斯坦福在线中学的框架做了全面的剖析:在线"翻转课堂"、在线社区的创立方法,甚至还揭示了学校辅导学生参加大学入学考试的秘诀。

第三章进一步彻底地分析了斯坦福在线中学的教学计划和理念。其中包括核心的文理融通和独特的哲学课程,并介绍了如何培养学生的社会"生存力"和学校推行的"健康"计划。

第四章列出了如何有效提升孩子才能的一些提示。以我提倡的"学育"理念为出发点,提出了基于最新的学习科学研究成果的 8 个方法。

在第五章中，与大家一起俯瞰当前世界教育的主要趋势：个性化学习、主动学习、项目式学习、学习科学和教育技术，以及分布式学习。并分析了教育的最前沿发展。

第六章为大家描绘了当前先进教育发展趋势下未来教育的宏图，预测了未来教育的发展走向。包括学校的未来场景；教师和学生之间的角色变化；技术的进步。

社会在不断变化，技术也将进一步发展。社会和生活需求、价值观、世界观都会焕然一新，教育也不例外。一方面，教育必将追随世界变化的方向而变化；另一方面，教育也拥有改变世界发展方向的力量。我们每个人在努力适应世界变化的同时，也都必须有意识地、积极主动地应对时代变革，共同创造教育的未来。

谨以此书献给启仁、英仁、英惠。

2020 年 12 月

写于寒意渐浓的斯坦福大学

星友启

参考文献

1. Carol S. Dweck, "Caution—Praise Can Be Dangerous," *American Educator*, 23(1): 4—9, 1999.

2. Elizabeth Bonawitz *et al.*, "The double—edged sword of pedagogy: Instruction limits spontaneous exploration and discovery," *Cognition*,120(3):322—330, 2011.

3. Massachusetts Institute of Technology. "Don't show, don't tell? Direct instruction can thwart independent exploration." *ScienceDaily*,July 1, 2011.

4. Paul A. Howard—Jones, "Neuroscience and education: myths and messages," *Nature Reviews Neuroscience* , 15(12):817—824, 2014.

5. Harold Pashler, Mark McDaniel, Doug Rohrer, and Robert Bjork, "Learning Styles: Concepts and Evidence," *Psychological Science in the Public Interest* , 9(3):105—119, 2008.

6. Polly R Husmann and Valerie Dean O'Loughlin, "Another Nail in the Coffin for Learning Styles? Disparities among Undergraduate Anatomy Students' Study Strategies, Class Performance, and Reported VARK Learning Styles," *Anatomical Sciences Education*,

12(1):6−19, 2019.

7. Jay McTighe and Judy Willis, *Upgrade Your Teaching: Understanding by Design Meets Neuroscience*, Alexandria: ASCD, 2019.

8. Susanne Vogel and Lars Schwabe, "Learning and memory under stress: implications for the classroom," *npj Science of Learning*, 1(16011), 2016.

9. Abiola Keller *et al.*, "Does the Perception that Stress Affects Health Matter? The Association with Health and Mortality," *Health Psychology*, 31(5): 677−684, 2012.

10. Jeremy P. Jamieson, Wendy Berry Mendes, and Matthew K. Nock, "Improving Acute Stress Responses: The Power of Reappraisal," *Current Directions in Psychological Science*, 22(1):51−56, 2013.

11. Jeremy P. Jamieson, Wendy Berry Mendes, Erin Blackstock, and Toni Schmader, "Turning the knots in your stomach into bows: Reappraising arousal improves performance on the GRE," *Journal of Experimental Social Psychology,* 46(1):208−212, 2010.

12. Sean F. Reardon, "The widening academic achievement gap between the rich and the poor: New evidence and possible explanations," In Greg J. Duncan and Richard J. Murnane (eds.), *Whither Opportunity*. Russell Sage Foundation: New York, 2011.

pp. 91−116.

13. Henry L. Roediger III and Andrew C. Butler, "The critical role of retrieval practice in long−term retention," *Trends in Cognitive Sciences,* 15(1):20−27, 2011.

14. Jeffrey D. Karpicke and Janell R. Blunt, "Retrieval Practice Produces More Learning than Elaborative Studying with Concept Mapping," *Science,* 331(6018):772−775, 2011.

15. Cynthia J. Brame and Rachel Biel, "Test−enhanced learning: Using retrieval practice to help students learn" Center for Teaching at Vanderbilt University.

16. Norman Doidge, *The Brain That Changes Itself: Stories of Personal Triumph from the Frontiers of Brain Science,* Penguin Books: New York, 2007.

17. Jo Boaler, *Limitless Mind: Learn, Lead, and Live Without Barriers,* HarperCollins Publishers: New York, 2019.

18. Jean Decety, Philip L. Jackson, Jessica A. Sommerville, Thierry Chaminade, and Andrew N. Meltzoff, "The neural bases of coope−ration and competition: an fMRI investigation," *Neuroimage,*23(2): 744−751, 2004.

19. OECD, *PISA 2015 Results (Volume V): Collaborative Problem Solving,* PISA, OECD Publishing:Paris, 2017.

20. David L. Hamilton, Laurence B. Katz, and Von O. Leirer, "Cognitive representations of personality impressions: organizational processes in first impression formation," *Journal of Personality and Social Psychology,* 39(6):1050−1063, 1980.

21. John A. Bargh and Yaacov Schul, "On the cognitive benefits of teaching," *Journal of Educational Psychology,* 72(5): 593−604, 1980.

22. Cynthia A. Rohrbeck, Marika D. Ginsburg−Block, John W. Fantuzzo, Traci R. Miller, "Peer−assisted learning interventions with elementary school students: a meta−analytic review," *Journal of Educational Psychology,* 95(2):240−257, 2003.

23. EdScoop 記事。"With abysmal completion rates, colleges move to improve approach to MOOCs".

24. EdWeek 記事。"Many Online Charter Schools Fail to Graduate Even Half of Their Students on Time" Apr 18，2019.

25. EdWeek 記事。"6 Reasons Students Aren't Showing Up for Virtual Learning" Apr 6，2020.

26. 米国初等中等教育法（Elementary and Secondary Education Act）の Title IX, Part A, Definition 22 より、著者意訳。

27. National Wellness Institute の以下の記事より。

28. Greg Lukianoff and Jonathan Haidt, *The Coddling of the American*

Mind: How Good Intentions and Bad Ideas Are Setting Up a Generation for Failure, Penguin Books: New York, 2018.

29. 以下 CASEL 中有关 SEL 的框架来自 CASEL 网站。

30. Jo Boaler, *Limitless Mind: Learn, Lead, and Live Without Barriers,* HarperCollins Publishers: New York, 2019.

31. Carol Dweck, *Mindset: The New Psychology of Success,* Ballantine Books: New York, 2006.

32. David S. Yeager, *et al* ., "A national experiment reveals where a growth mindset improves achievement," *Nature,* 573:364-369, 2019.

33. Aneeta Rattan, Catherine Good, and Carol S. Dweck "'It's ok- Not everyone can be good at math' : Instructors with an entity theory comfort (and demotivate) students," *Journal of Experimental Social Psychology,* 48(3):731-737, 2012.

34. Claude Steele and Joshua Aronson, "Stereotype threat and the intellectual test performance of African Americans," *Journal of Personality and Social Psychology,* 69(5):797-811, 1995.

35. Steven Spencer, Claude Steele, and Diane Quinn, "Stereotype Threat and Women's Math Performance," Journal of Experimental Social Psychology, 35(1):4-28, 1999.

36. Jason S. Moser, Hans S. Schroder, Carrie Heeter, Tim P. Moran,

and Yu- Hao Lee, "Mind Your Errors: Evidence for a Neural Mechanism Linking Growth Mind-set to Adaptive Posterror Adjustments," *Psychological Science,* 22(12): 1484–1489, 2011.

37. 星友啓著『スタンフォード式生き抜く力』(ダイヤモンド社、2020 年)。

38. Jo Boaler, *Limitless Mind: Learn, Lead, and Live Without Barriers*, HarperCollins Publishers: New York, 2019.

39. Claudia Kalb, "What Makes a genius?" *National Geographic,* May 2017.

40. Edwin Locke and Gary Latham, "Building a Practically Useful Theory of Goal Setting and Task Motivation," *American Psychologist,* 57(9):705–717, 2002.

41. Marc Effron, *8 Steps to High Performance: Focus On What You Can Change,* Harvard Business Review Press: Boston, 2018.

42. Edwin Locke and Gary Latham, "Building a Practically Useful Theory of Goal Setting and Task Motivation," *American Psychologist,* 57(9):705–717, 2002.

43. Patricia Chen, Phoebe C. Ellsworth, and Norbert Schwarz, "Finding a Fit or Developing It: Implicit Theories About Achieving Passion for Work," *Personality and Social Psychology Bulletin,* 41(10): 1411–1424，2015.

44. Allison L. Skinner, Andrew N. Meltzoff, and Kristina R. Olson "'Catching" Social Bias: Exposure to Biased Nonverbal Signals Creates Social Biases in Preschool Children" *Psychological Science,* 28(2):216–224, 2017.

45. John Dewey, *Democracy and Education: An Introduction to the Philosophy of Education,* Macmillan: New York, 1916.

46. Maria Montessori, *Education for a New World,* Kalakshetra: Adyar, 1948.

47. 下記が古典。Charles C. Bonwell and James A. Eison, "Active Learning : Creating Excitement in the Classroom," ASHE–ERIC Higher Education Report, Washington DC: School of Education and Human Development, George Washington University, 1991.

48. Scott Freeman, et al., "Active learning increases student performance in science, engineering, and mathematics," *PNAS,* 111(23):8410–8415, 2014.

49. M. D. R. Evans, Paul Kelley and Jonathan Kelley, "Identifying the Best Times for Cognitive Functioning Using New Methods: Matching University Times to Undergraduate Chronotypes," *Frontiers in Human Neuroscience* . 11:188.

50. 以下内容来自联合国教科文组织（ unesco ）网站。

51. Michael Moe and Vignesh Rajendran, "Dawn of the Age of Digital

Learning".

52. Inside Higher Ed 記事 "Online Education Ascends" Nov 7，2018.

53. 以下是 NewSchools 和 Gallup 的調查报告。

54. EdTech 記事 "Improving Online Learning and More with Artificial Intelligence" 2020.8.

55. EdSurge 記事 "How VR Is Being Used to Teach SEL" May 29,2018.

56. 联合国教科文组织报告 "Online, open and flexible higher education for the future we want. From statements to action: equity, access and quality learning outcomes."

57. Michael Moe and Vignesh Rajendram, "Dawn of the Age of Digital Learning".

58. U.S. News 記事 "Most Innovative Schools".